CB123783

50 ÍCONES QUE INSPIRARAM A MODA 1970

DESIGN MUSEUM

50 ÍCONES QUE INSPIRARAM A MODA 1970

PAULA REED

PUBLIFOLHA

OS ANOS 1970

Bryan Ferry e Jerry Hall posam juntos no hotel Amstel, em Amsterdã, em 1976. Ferry e Hall formavam o casal mais descolado da cidade e mostravam que o estilo clássico ainda podia ser chique, mesmo em meio ao caos estético da década de 1970.

David Bowie e sua mulher Angie sintetizaram a obsessão dos anos 1970 por androginia, sexualidade e glamour. *Abaixo:* o trabalho do estilista escocês Bill Gibb reflete outro grande tema da década – a nostalgia romântica por natureza e folclores exóticos. Aqui, a modelo Twiggy exibe um vestido rodado com xadrez e flores.

OS ANOS 1970

Essa foi a década da liberação feminina. Figuras essenciais, como Betty Friedan e Germaine Greer, definiram o debate sociológico. Mas as mulheres ainda estavam muito longe de se sentir confiantes sobre seu lugar no mundo. De fato, basta olhar a moda da década para ter uma visão surpreendentemente clara da incerteza que assolava ambos os sexos.

A mania retrô encheu os guarda-roupas com peças adquiridas em brechó com lantejoulas e penas, ao passo que, nos clubes espalhados pela Inglaterra, garotos com ternos *zoot* (com lapelas e ombros largos) e garotas com um ar de anos 1940, delineador e sapatos plataforma dançavam ao som de Glenn Miller.

A Grã-Bretanha, assolada pela crise econômica, sofria com índices de desemprego alarmantes. O panorama era ruim, e a nova líder do partido conservador, Margaret Thatcher – "mãe de gêmeos e apreciadora de boa porcelana" –, reuniu seus partidários com um frio diagnóstico: "Temos vivido como herdeiros de uma fonte inesgotável, até que acordamos uma manhã com os oficiais de justiça na nossa porta".

Não é preciso ser especialista em psicologia para perceber que as muitas sobreposições que definiram o visual predominante da moda na época tinham, de certa maneira, a intenção de proteger. Saias curtas sobre saias longas, mangas três-quartos cobrindo outras que iam até o pulso, vestidos com coletes e aventais, o amontoado de estampas e texturas: tudo parecia uma forma de resgatar o passado mais tranquilo. Paralelo a isso, os trajes brilhantes e espalhafatosos das divas da discoteca eram escapismo puro. E a moda permaneceu nessa negação extravagante até que o punk explodiu, agressivo, na década de 1980.

Em 1976, as mulheres passaram a usar jaqueta de tweed masculina durante o dia e smoking à noite, e parecia que a moda estava, enfim, pronta para seguir adiante. Mas foi só em 1979 que a *Vogue*, finalmente, definiu a década como a da "moda cebola", por causa do recurso das várias camadas.

O vestido envelope de Diane von Furstenberg, elegante e simples, é talvez um dos raros ícones da moda dos anos 1970 que resistiram ao tempo. *Abaixo:* com a discoteca, veio tudo o que chamava a atenção na pista de dança: *hot pants*, lurex prateado e muito brilho ou, como aqui, chiffon branco com franjas – Donna Summer, em 1976.

O CASACO AFEGÃO

1970

Descolado, mas nada cheiroso

A expressão "flower power" – atribuída ao poeta beat norte-americano Allen Ginsberg – evoca uma imagem poderosa dos hippies do início dos anos 1970. E uma das peças do vestuário com a qual os hippies são mais associados é o casaco afegão, acusado de ser malcheiroso.

O casaco original feito de pele de ovelha ou de cabra, com o velo na parte de dentro e couro macio do lado de fora, não merecia a reputação que ganhou no Ocidente mais tarde. Originário da província de Ghazni, entre Cabul e Kandahar, no Afeganistão, ele era feito com pele de carneiro curada e curtida e finamente bordada com fio de seda.

Os casacos afegãos começaram a surgir no Reino Unido no final dos anos 1960 na loja Granny Takes a Trip, na King's Road, em Londres. Quando os Beatles os usaram do avesso para a foto de capa do álbum *Magical Mystery Tour* (1967), nasceu uma mania. A procura aumentou muito, e os fabricantes afegãos não conseguiam dar conta. Um carregamento de produtos equivalentes veio do Irã e da Turquia. Mas, bordadas de modo grosseiro e malcuradas, essas imitações apodreceram no clima úmido britânico e ficaram memoráveis pelo cheiro que espantava qualquer um da sala.

A moda da década de 1970 buscava inspiração em todo canto do planeta. Qualquer coisa que não estivesse enraizada na cultura ocidental consumista tinha potencial para fazer parte do guarda-roupa. Roupas étnicas, como kaftans e casacos afegãos, mantiveram-se em alta durante toda a década de 1970. Tornaram-se o uniforme de hippies amantes da paz e em protesto por toda parte – fosse nas barricadas de Paris, protegendo seus direitos de invadir casas abandonadas em Notting Hill ou curtindo no festival de Pilton (mais tarde, de Glastonbury), que começou na fazenda Worthy, em Somerset, em 1970.

Um dos ícones da moda dos anos 1970, o casaco afegão é lembrado pelo péssimo odor. Alguns diziam que parecia o de um bicho morto. Outros, que o cheiro era tão forte que era possível senti-lo antes de ver o casaco. Técnicas de cura mais eficazes garantem que os frequentes resgates do casaco peludo na moda nos últimos anos sejam bem mais perfumados.

ALI MacGRAW

A namoradinha norte-americana

1970

Jenny Cavilleri, a personagem de Ali MacGraw em *Love story – uma história de amor*, filme que promoveu um verdadeiro festival de soluços na década de 1970, tinha um guarda-roupa de clássicos atemporais: trench coat, cachecóis despojados, bolsa satchel, que lembra a de carteiro, e gorros de tricô. Do dia para a noite, ela virou um ícone. Toda garota nos Estados Unidos na década de 1970 queria se parecer com Ali MacGraw (1939-). "Ela era um exemplo do estilo norte-americano", lembra Calvin Klein. "No início, houve o período hippie-chique. Mas ela foi além disso, e seu estilo colocou-a entre as grandes: Katharine Hepburn, Jackie Onassis, CZ Guest, Babe Paley."

Fora das telas, casada com Steve McQueen, ela foi a metade de um dos casais mais incensados de Hollywood. Com um guarda-roupa cheio de peça feitas por Halston (p. 90), era presença constante nas listas dos mais bem-vestidos, seu estilo era incontestável. Quase cinquenta anos depois, ela ainda inspira estilistas como Michael Kors, Ralph Lauren e Marc Jacobs.

Quando jovem, Ali queria trabalhar com moda e, ao se formar na faculdade, passou algum tempo como assistente da lendária Diana Vreeland na *Harper's Bazaar*: "Um curso intensivo sobre tudo o que eu não sabia sobre a moda e esse mundo", recorda-se. Sua carreira, ela pensava, seria atrás das câmeras. Como produtora do fotógrafo Melvin Sokolsky, Ali ficou hipnotizada pelas "beldades mais encantadoras da época", sem confundir "minha capacidade de ajudar a vesti-las com qualquer possibilidade de algum dia ser uma delas".

Mas, no fim dos anos 1960, a moda norte-americana saiu da sombra de Paris, e as mulheres que melhor a representavam, em termos de estilo, eram totalmente opostas às parisienses aristocráticas. Quando Ali obteve sucesso inesperado, foi seu próprio estilo "boêmio arrumadinho" o fundamental para criar a personagem de Jenny Cavilleri, e esse momento definiu a moda da década.

Trench coat, caban de abotoamento duplo, cachecol e gorro de tricô, jeans flare com salto, bolsa meia-lua ou hobo (todos elementos do guarda-roupa de Jenny Cavilleri em *Love story*): o estilo de Ali MacGraw virou fetiche, cobiçado por mulheres que desejavam se apropriar dos elementos chiques e atemporais da moda norte-americana.

119
119

BILL GIBB

O visionário celta da moda britânica

1970

À medida que os anos 1960 chegavam ao fim, uma safra de novos talentos surgiu no Royal College of Art sob a orientação da professora Janey Ironside. Junto de Ossie Clark, Anthony Price e Zandra Rhodes, estava Bill Gibb, filho de um fazendeiro de Fraserburgh, na Escócia.

A moda naquele momento idealizava a vida simples e um novo visual, criado pelas mãos de artesãos em pequenas oficinas, tais como a da Missoni, na Itália. A fiação caseira se transformou em um sucesso que mudaria a moda quando Gibb conheceu Kaffe Fassett, pintor norte-americano e o guru do tricô (p. 62). A união do romantismo celta de Gibb com a habilidade técnica de Fassett influenciou de modo decisivo o visual da década.

As raízes escocesas de Gibb, seu amor pela história, especialmente pelo Renascimento, e a cultura hippie norte-americana apresentada a ele por Fassett resultaram em uma coleção que era puro escapismo. Xadrez tingido artesanalmente, quadriculado preto, a recriação meticulosa de paisagens oníricas pintadas à mão por Gibb em metros e metros de tecido e os tricôs fantásticos de Fassett encantaram na passarela, conquistando de imediato a imprensa, mesmo que as peças fossem quase impossíveis de produzir em quantidades significativas.

Quando a realidade dura da nova década começou, Gibb ofereceu uma espécie de fantasia na moda por meio dos ricos bordados e sobreposições luxuosas. Sua marca registrada era uma bata estilo boneca, rodada e com comprimento no tornozelo, geralmente bordada ou adornada, mesmo que discretamente, com seu símbolo – uma abelhinha.

Bill Gibb foi eleito estilista do ano pela *Vogue* em 1970, e sua coleção de estreia com seu próprio nome, em 1972, atraiu clientes como Elizabeth Taylor, Bianca Jagger (p. 16) e Twiggy.

Em 1971, Gibb arrebatou Nova York e ficou famoso no mundo inteiro de um dia para o outro ao vestir Twiggy para o tapete vermelho da première do filme de Ken Russell *O namoradinho*. Sua filosofia era simples: "A realidade é tão horrível hoje que, às vezes, só o escapismo a torna suportável".

Bill Gibb cresceu longe dos excessos da alta-moda e sempre se manteve um idealista, desprezando posses e riqueza material. Ao longo da vida, ele permaneceu muito parecido com o que foi na infância, um menino que "invadia os baús de fantasias para transformar suas irmãs em Rapunzel ou fadinhas de Camelot".

SOUL TRAIN

O visual do soul afro-americano

1970

Considerado o programa que lançou gigantes da soul music – Smokey Robinson, Aretha Franklin, Stevie Wonder, The O'Jays, Marvin Gaye, os Isley Brothers e Barry White –, todos pegaram uma carona no *Soul Train*. Ele não só promovia os novos talentos da música como era o programa de TV que os Estados Unidos inteiros sintonizavam para conferir os passos de dança do momento e as tendências mais descoladas da moda. *Soul Train* também deu mais espaço à música e à cultura pop afro-americana nas redes de televisão.

O apresentador e criador do show era Don Cornelius (1936-2012). Fanfarrão no palco, usando ternos bem-cortados e as palavras certas, ele era o *cool* em pessoa. O programa foi lançado em Chicago, onde toda semana Cornelius exibia as novidades do mundo do R&B, com entrevistas, e apresentava números de dança realizados pelo Soul Train Gang, grupo do próprio elenco. Tudo acontecia no cenário de uma boate — formato imitado por programas de música em todo o mundo.

As principais atrações eram o "Soul Train Scramble Board", no qual dois dançarinos tinham sessenta segundos para decifrar uma série de letras e descobrir o nome do convidado daquele programa ou de uma pessoa notável da história dos afro-americanos; e depois havia a "Soul Train Line", em que o público formava duas filas com um espaço no meio para os dançarinos desfilarem exibindo os passos de dança.

No início, o programa era apoiado por dois patrocinadores principais: Sears Roebuck and Company, que queria promover seus toca-discos, e a Johnson, fabricante de produtos para cabelos afro. Cornelius virou um ícone da geração, não só por ser o padrinho do estilo, mas também por sua incrível influência comercial. Os artistas faziam fila para aparecer no *Soul Train*, já que isso garantia aumento nas vendas e reconhecimento instantâneo.

Em fevereiro de 2012, quando Cornelius morreu, milhares de fãs se reuniram para homenageá-lo. Usando cabelo black power, eles recriaram a Soul Train Line na Times Square em Nova York por quase uma hora, até a polícia interromper a diversão.

Na década de 1970, o *Soul Train* era imperdível na TV – um espetáculo semanal que se tornou um bastião da cultura pop e abriu novos caminhos para os artistas afro-americanos. Foi um trampolim não só para os talentos musicais, mas também para os movimentos de dança e tendências da moda que pegavam nas boates e nas ruas dos Estados Unidos poucos dias após aparecer no programa.

SOUL

BIANCA JAGGER

1971

A noiva original do rock

Era improvável que Bianca Pérez-Mora de Macias (1945-) fosse uma noiva tradicional. A melhor amiga de Andy Warhol, rainha da balada em Nova York, um dos pilares do Studio 54 e musa honorária de Halston tinha conquistado um Rolling Stone e ia se casar em Saint-Tropez. Ela nunca vestiria um vestido bufante de tafetá. Em vez disso, procurou Yves Saint Laurent.

No grande dia, Mick Jagger estava de tênis. Bianca usava um paletó branco. "Eu tinha uma ideia muito clara do que queria como vestido de noiva", disse Bianca. "Ao contrário do que descreveram, não era um terninho: era uma saia longa e um paletó. Saint Laurent fez o chapéu de abas largas com um véu e decidimos que, em vez de carregar um buquê, eu usaria um arranjo de flores no pulso para combinar com o modelo."

Bianca definiu um novo padrão para a noiva moderna e minimalista. Alguns detalhes foram obra do acaso: ela usou o paletó sem nada por baixo porque estava grávida de quatro meses (da filha Jade), e a blusa que fazia conjunto já não cabia. Outros foram pensados: o chapéu de abas largas e caídas foi perfeito para protegê-la não só do sol de Saint-Tropez, como também dos paparazzi – eram tantos que a cerimônia atrasou mais de uma hora. Mesmo assim, o *look* vem sendo copiado nas passarelas e por noivas de todo o mundo desde então.

O chapéu e o arranjo de flores foram os únicos acessórios típicos de noiva. A cerimônia civil, que aconteceu na câmara municipal, começou tensa por causa de uma discussão entre o porta-voz de Jagger e a polícia local sobre a quantidade de fotógrafos autorizada a entrar no edifício. Bianca deve ter ficado grata ao chapéu enorme de abas largas com véu quando, em um acesso de raiva, Jagger ameaçou abandonar a cerimônia e a fez chorar.

Mick usava Tommy Nutter, Bianca, YSL. Seu *look* de noiva pode ter sido projetado especialmente para disfarçar a gravidez, mas ela ainda assim conseguiu inspirar toda uma década com cintura e ombros marcados e chapéu romântico com véu.

GERMAINE GREER

Pioneira da revolução sexual

1971

A década de 1970 foi a da liberação feminina: as bonequinhas dos anos 1960 decidiram que já tinham suportado o suficiente. Em 1970, *A mulher eunuco*, livro de Germaine Greer, incitou o debate político. Pouco depois, revistas como *Ms* e *Spare Rib* eram cada vez mais presentes entre as mulheres, sendo também lançada a editora feminista Virago. Mas, em 1970, mulheres não podiam pedir empréstimos sem a assinatura de um fiador masculino, e trabalhadoras da BBC não eram autorizadas a usar calça. No mesmo ano, Barbara Castle, então secretária do Estado para o Emprego propôs o pagamento igualitário entre os sexos, o qual finalmente entrou em vigor em 1975, com a lei contra a discriminação sexual.

Professora de inglês na Universidade de Warwick, a australiana Greer (1939-) também era jornalista de vanguarda, cantora, dançarina e atriz. Ela defendia uma mudança revolucionária na estrutura social. Seu objetivo era passar a mensagem de liberação das mulheres, e não importava se isso era feito ao escrever sobre os perigos de ir para a cama com um inglês que sugerisse "vamos fingir que você está morta" ou sobre como não perder a paciência quando alguém perguntasse "você odeia os homens?".

Quando ela disse que "sutiãs são uma invenção ridícula", foi libertador para milhões. Nos Estados Unidos, as manifestantes acamparam ao lado de um concurso de beleza de Miss América com uma "lata de lixo da liberdade" cheia de sutiãs, sapatos de salto alto, cílios postiços, cintas, bobes, fixador de cabelo, maquiagem, espartilhos, revistas como a *Playboy* e outros itens considerados apetrechos de "feminilidade forçada". Ao contrário do mito que se criou, ninguém pôs fogo em nada.

O gênio tinha saído da garrafa. "O corpo virou símbolo da resistência", argumentavam as feministas. E a moda também tornou-se política. Os novos ideais feministas encontravam expressão em guarda-roupas funcionais, utilitários e andróginos. A direita conservadora pode ter protestado contra "essa mulherada sem sutiã nem cérebro", mas, ao longo de toda a década, as mulheres continuaram a lidar com sua liberdade recém-descoberta.

Midge McKenzie, feminista proeminente, descreveu Greer como "um fenômeno, uma super-heroína [...] que abre oportunidades para outras mulheres. Embora algumas delas achem que só exista espaço para apenas uma garota que, ao mesmo tempo, goste de sexo e tenha um doutorado".

Em *A mulher eunuco*, Germaine Greer declarava: "Estou cansada de fingir eterna juventude... estou cansada de olhar o mundo com cílios falsos... estou cansada do peso de uma cabeleira morta na minha cabeça... estou cansada do toucador". Nos anos 1970, a moda tornou-se questão central no debate sobre igualdade de gênero.

GUCCI

De artesão florentino a gigante mundial do luxo

1971

O império Gucci floresceu a partir da ideia do jovem imigrante Guccio Gucci (1881-1953), que trabalhava como carregador no hotel Savoy, em Londres. Ele era fascinado pelas malas dos hóspedes aristocráticos e podia examinar os melhores modelos de perto. Em 1920, ele voltou à sua cidade natal, Florença, para abrir uma loja especializada em artigos finos de couro feitos por artesãos locais. Demorou menos de cinquenta anos para a pequena empresa familiar tornar-se uma marca de luxo mundial e para o logotipo com duas letras "G" entrelaçadas, instantaneamente reconhecível, ser presença constante em salas VIP dos aeroportos de todo o mundo.

Na década de 1930, os três filhos de Gucci juntaram-se ao negócio. As exigências da Segunda Guerra Mundial (quando o couro ficou escasso) levaram ao lançamento das famosas bolsas de lona, mas, quando a economia se restabeleceu, a empresa estava pronta para transformar o famoso logotipo em símbolo de um novo tipo de elegância para a geração seguinte. A habilidade artesanal florentina, somada à prosperidade econômica do pós--guerra, gerou tesouros que aguçaram os desejos de consumo dos novos-ricos, como bolsas com alças curvas de bambu, calçados de montaria e seda estampada com flores e borboletas.

A Gucci ficou famosa, mas quando Jackie Onassis foi fotografada carregando a bolsa hobo meia-lua, virou um frenesi. A Gucci foi uma das marcas mais descoladas da década de 1970. Uma coleção de *prêt-à-porter* garantiu espaço para o logotipo famoso em tudo, desde casacos de crocodilo até cachecóis de cashmere.

A marca ficou conhecida tanto pela inovação audaciosa quanto pela qualidade inigualável do artesanato italiano. Em 1977, a loja principal de Beverly Hills foi transformada em uma exclusiva Gucci Gallery, onde VIPs como Rita Hayworth e Michael Caine podiam escolher entre as bolsas com alças destacáveis de ouro e diamantes de US$ 10 mil ou colchas de pele de raposa prateada.

Com monogramas e detalhes que ficaram famosos, como o bridão e as bolsas de alça de bambu, a Gucci criou uma nova versão do luxo, imediatamente reconhecida e cobiçada em todo o mundo. Nos anos 1950 e 1960, a Gucci era cultuada por celebridades. Na década de 1970, tornou-se um gigante global.

JONI MITCHELL 1971

Linda, compositora e cronista social

Mistura de gata de praia californiana, deusa nórdica e intelectual boêmia, Joni Mitchell (1943-) reinou como rainha da vanguarda dos anos 1970. Como a maioria dos cantores folk, a canadense começou a carreira apresentando-se em bares e na rua. Suas composições de estilo único, a guitarra inovadora e o timbre vocal impressionante colocaram-na no primeiro time do movimento folk.

Mitchell também definiu o visual do hippie pacifista. O famoso cabelão loiro com franja farta, o rosto sem maquiagem, bijuterias e o guarda-roupa ecléticos, desde minivestidos simples a vestidões esvoaçantes com pés descalços, tornaram-se a referência preferida de toda garota moderna estudante de artes com violão a tiracolo, de Nova York a Los Angeles. A influência do estilo de Mitchell, assim como sua música, vai da contracultura a celebridades como Nicole Richie e Rachel Zoe. Ela ressurge toda vez que o *boho* retorna às passarelas.

Com a guerra assolando o Vietnã e o movimento antinuclear ganhando força, manifestações estudantis e protestos pela paz arrebanharam jovens descontentes nos Estados Unidos. O espírito de protesto encontrou expressão na música folk da época e lançou alguns dos maiores compositores desde então: Bob Dylan e Crosby, Stills, Nash & Young, contemporâneos e parceiros de Mitchell. Os cantores desse gênero estavam na vanguarda das mudanças sociais. O single de sucesso do álbum de Mitchell, *Ladies of the canyon* (1970), foi o hino pró-ambientalismo “Big yellow taxi”.

Joni Mitchell foi alçada à fama tocando música acústica despojada que englobava tanto avaliações pessimistas sobre o mundo ao seu redor, quanto expressões exuberantes de amor romântico – tudo transmitido pela sua extensão vocal incrível e letras intimistas. Tal como diz a desiludida Karen, personagem representada por Emma Thompson no filme *Simplesmente amor* (2003): “Joni Mitchell ensinou sua esposa inglesa fria a sentir”.

Joni Mitchell conquistou a atenção do público e recordes de vendas com letras sinceras, visão melancólica do mundo e declarações floreadas de amor romântico. A garota-propaganda perfeita para a geração hippie.

KANSAI YAMAMOTO

O primeiro grande estilista japonês a ganhar o mundo

1971

Em 1971, aos 27 anos, Kansai Yamamoto (1944-) tornou-se o primeiro estilista japonês a desfilar em Londres. Ele estava na vanguarda da onda de talentos da moda japonesa, que impactou a moda ocidental a partir da década de 1980. Mas, embora compartilhasse a abordagem iconoclasta de seus compatriotas para moldar a silhueta, sua extravagância era diametralmente oposta ao minimalismo calculado.

Com dramaticidade extravagante, Yamamoto homenageava o *kabuki*, tradicional modalidade teatral japonesa. Sua intensidade espalhafatosa parecia muito mais uma versão oriental da arte pop ocidental do que o trabalho de outros estilistas, voltado para desconstruções sóbrias, feito uma década mais tarde. Ele criava moda com base em imagens fantásticas, misturando uma visão romântica do passado com projeções de ficção científica do futuro. Em suas silhuetas, o samurai encontrava o guerreiro intergaláctico.

Yamamoto é mais conhecido como o responsável pelo figurino da turnê de David Bowie como Ziggy Stardust. Diz a lenda que Bowie assistiu a um vídeo de um desfile de Yamamoto com influência roqueira, realizado no Japão, e apaixonou-se. Comprou a famosa "roupa de animal da floresta" – um macacão de malha cor de açafrão – na loja londrina do estilista e usou-a no Rainbow Concert, em agosto de 1972. Bowie então encomendou a Yamamoto nove figurinos para a turnê de 1973 pelo Reino Unido. A peça principal era um macacão de malha multicolorido de uma perna só feita com fios metálicos vermelhos, azuis e rosa com grafismos em branco e preto, que Bowie usou com um boá de penas turquesa. Outro modelo inesquecível é o "Samurai espacial", em material acolchoado brilhante preto, vermelho e azul, com pernas largas, totalmente excêntrico.

Os produtos de Kansai Yamamoto são amplamente licenciados no Japão, e seus desfiles – os Kansai Super Shows – têm sido realizados em vários locais internacionais, incluindo a Praça Vermelha de Moscou, atraindo um público de milhares de espectadores.

Usando referências japonesas diversas, mas de forma original, do quimono de seda à armadura de samurai e cetins do teatro *kabuki*, Kansai Yamamoto tornou-se o principal fantasista da moda dos anos 1970. Ele abriu um caminho no mercado ocidental para a geração de estilistas japoneses que se seguiram.

O TRIUNFO DA ESTAMPA

Mesmo em excesso, nunca era o suficiente

1971

No início da década de 1970, a *Vogue* propôs o fim de todas as regras no jogo da moda, convocando as leitoras a se expressarem, conforme seus próprios princípios. De fato, a moda da década abriu sem foco, soando anárquica. Não havia um "visual dominante", nenhuma tendência principal. Pelo contrário, todos os elementos disponíveis foram adicionados ao repertório das mulheres interessadas em moda... até mesmo o mau gosto. Em uma matéria do verão de 1972, a *Vogue* dedicou seis páginas à pergunta que alguns acreditam ter definido aqueles anos: "Mau gosto é algo necessariamente ruim?".

As mulheres estavam se vestindo para si mesmas. Aquelas roupas não eram feitas para subir na carreira. E também não tinham muito *sex appeal*. Atrair os homens parecia secundário nesse guarda-roupa de aventais, batas, tamancos, saias de algodão desbotado, gorros e blusas com estampas florais. As locações preferidas para os ensaios de moda pareciam ser piqueniques em parques ensolarados. E muitos editoriais poderiam facilmente passar por publicidade para gestantes, tal era o volume das roupas. Era um momento ótimo para se estar grávida.

Houve uma explosão de estampas e estilos, e as mulheres começavam a experimentar novas maneiras de usá-los. Em Paris, Yves Saint Laurent juntou camisas de gola enorme estampadas com bolas, saias com padrão xadrez gigantesco e coletes de patchwork. Na Itália, os Missoni trabalharam com estampas de xale espanhol e listras de cores vivas. Eles convidaram pintores para experimentar efeitos novos na fábrica em Milão e adaptaram-nos às novas coleções. O modelo Missoni com camadas de texturas, estampas e cores sobrepostas liderava o caminho para uma revolução da malharia.

Das passarelas de Paris às lojas da King's Road, todos os estilistas misturavam os tecidos de algodão com a icônica estampa Liberty, um floral miúdo e delicado. Tricoteiros ocupavam-se fazendo coletes, que eram colocados sobre suéteres, blusas ou camisas de mangas compridas com estampas que poderiam ser parecidas, mas que certamente não combinavam. As mulheres começaram a pensar nos grupos de cores e estampas para construir um visual. O guia de regras da moda havia sido destruído.

Estampas e texturas conflitantes, várias camadas de tecido e liberdade para abusar das cores eram os elementos do que a *Vogue* apelidou de "estilo cebola". Para muitos, a obsessão da moda dos anos 1970 por estampas e cores conflitantes extrapolou os limites mais extremos do bom gosto.

CALÇA BOCA DE SINO

Crime de estilo ou aliado da silhueta?

1972

Pantalona, boca de sino, pata de elefante: para um observador eventual, são todas calças compridas de perna larga; a diferença é a abundância de tecido. Na década de 1970, os graus de abertura variavam entre os modestos quinze centímetros da boot-cut (tão moderado que virou um clássico do guarda-roupa elegante) à pata de elefante, com a largura de surpreendentes 63 centímetros.

As bocas largas apareceram como peças de alta-moda nas passarelas de Paris nos anos 1960, evoluíram para um status de contracultura hippie por volta da virada da década e tornaram-se populares nos anos 1970. Até hoje, há críticos de moda que culpam Sonny e Cher por esse crime contra a elegância, já que parece que a moda se alastrou pelos Estados Unidos logo após eles terem usado o modelo em seu programa de televisão do horário nobre.

As calças trompete abriam mais do joelho para baixo do que as boca de sino típicas, nas quais a perna inteira era aberta. Elas eram muito apreciadas pelos roqueiros – como os integrantes do Led Zeppelin –, imediatamente reconhecíveis no uniforme básico: calças boca de sino, camiseta justa e jaquetinha, arrematado, na maioria das vezes, por uma cabeleira bem volumosa. A disco music reafirmou o uso das bocas largas para homens e mulheres, em cores vivas.

As patas de elefante, famosas do meio para o final dos anos 1970, eram semelhantes às calças trompete, mas normalmente feitas de brim. Como a barra ganhava um corte mais amplo a partir do joelho, geralmente encobrindo os sapatos, foi eleita por artistas de estatura baixa, como James Brown, para quem alguns centímetros extras de altura eram uma dádiva.

Quando a década terminou, muita gente esperava ver o retorno da boca de sino. Depois de algumas tentativas nos anos 1990, ela voltou com força em 2010.

Para todo crime contra a moda atribuído às pantalonas, há provas atenuantes de que – desde que com uma silhueta esguia, pernas longas e salto alto – elas são uma arma útil para alongar as pernas e afinar os quadris.

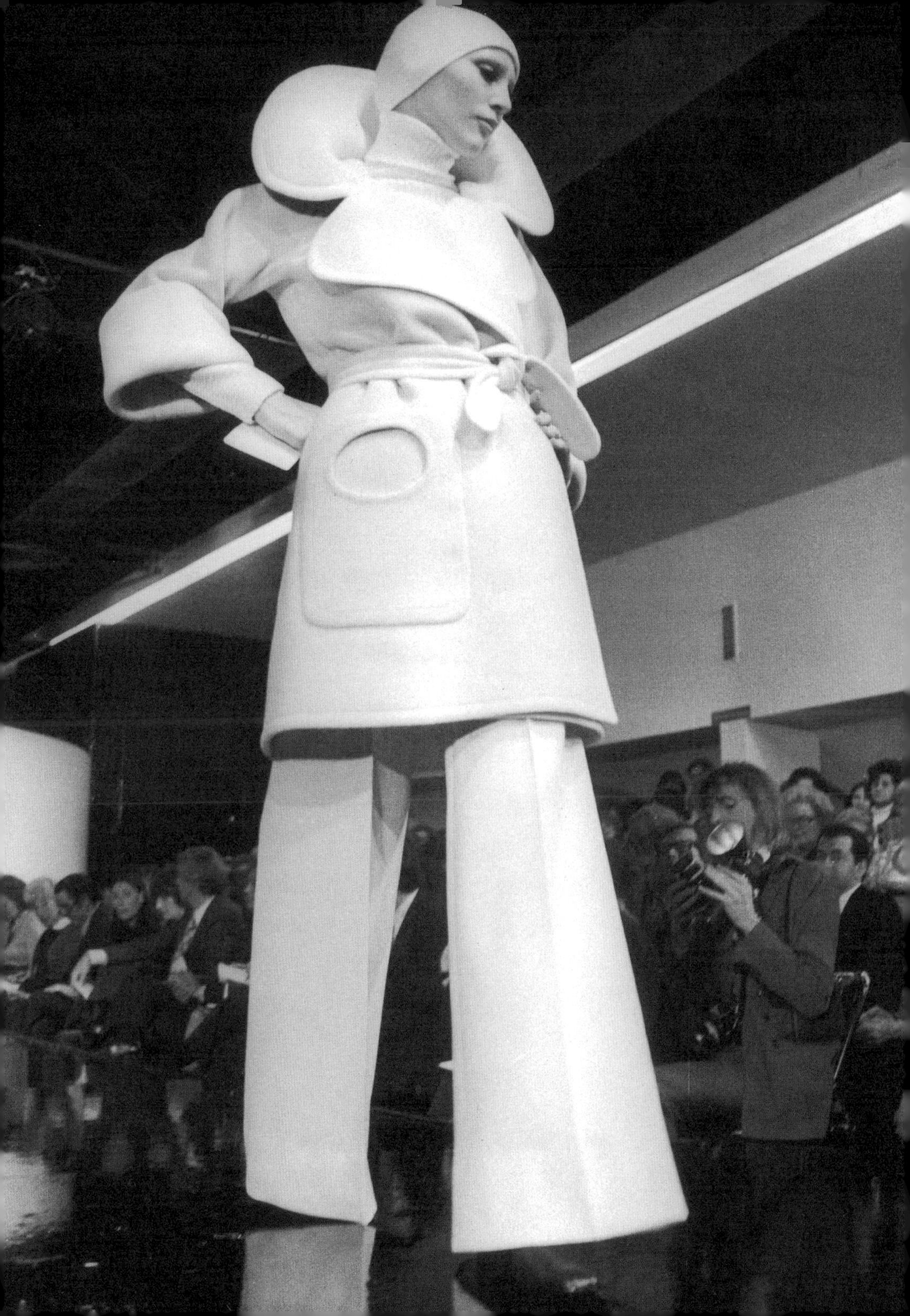

BEVERLY JOHNSON

1972

A primeira negra na capa da *Vogue* norte-americana

Graças a uma única foto com um suéter azul de gola rulê, Beverly Johnson (1952-) tornou-se símbolo imediato e modelo inspiradora do movimento pelos direitos civis norte-americanos, foi convidada pelo reverendo Jesse Jackson a fazer um discurso e tornou-se um nome constante ao lado de Rosa Parks e dos Panteras Negras.

"Fora o nascimento da minha filha, estar na capa da *Vogue* foi a melhor coisa que já me aconteceu", disse Johnson. A primeira *top model* negra foi criada em Buffalo, Nova York, e fazia parte de uma equipe profissional de natação, o que, segundo ela, a fez uma modelo "com cabeça de atleta". Mas, se Johnson já tinha estampado outras capas de revista do país, isso ainda não tinha acontecido com a *Vogue* – sua medalha de ouro na profissão. Nem com Naomi Sims ou Helen Williams, as outras duas principais modelos negras da época. Mas o início dos anos 1970 foi uma época de transformação social, e os costumes estavam prestes a mudar.

Johnson abandonou sua agente, Eileen Ford, por ela ter-lhe dito que jamais alcançaria sua meta. "Pensei que fosse porque eu não era *top model*, e não por ser negra", contou. E assinou com a concorrente de Ford, Wilhelmina, que lhe assegurou: isso estava ao seu alcance. E, de fato, na edição de agosto de 1974, aos 22 anos, Beverly Johnson estava na capa da *Vogue*. Um ano depois, ela também foi a primeira modelo negra na capa da *Elle* francesa. Johnson percebe quão importante foi aquela capa da *Vogue* – e não apenas para sua carreira de modelo: "A beleza negra não só foi reconhecida pelo *mainstream*, como foi celebrada".

A "sua" edição da *Vogue* esgotou: "A revista estava mudando. Não se tratava mais daquele mundo grandioso e encantado da moda, como tinha sido nos anos 1960. Os olhares estavam se voltando para a garota comum". Francesco Scavullo a fotografou. Johnson se lembra de que não havia muitos fotógrafos e maquiadores que realmente soubessem como iluminar peles negras. Scavullo – ao lado do maquiador Way Bandy e do cabeleireiro Suga – conseguiu.

Johnson recebeu meros cem dólares, que era o valor da diária editorial da época, mas, para os padrões vigentes, depois tornou-se uma das modelos mais bem pagas da indústria, ganhando cerca de cem dólares por hora para trabalhos em publicidade.

Beverly Johnson, aos 21 anos, foi uma desbravadora: a primeira modelo negra a aparecer na capa da *Vogue* norte-americana. Ela repetiu o triunfo em agosto de 1975 e foi seguida por Peggy Dillard em agosto de 1977. Naomi Campbell foi a primeira modelo negra na capa da *September issue** de 1989.

* A edição de setembro, de todas as revistas de moda, em especial da *Vogue*, tende a ser a maior e mais importante do ano, por conter muitas tendências para o ano seguinte.

TAMANCOS

1972

Práticos, despretensiosos... e feios?

Tamancos são o item que vem imediatamente à mente quando a proposta é argumentar que os anos 1970 foram "a década esquecida pelo estilo". Para os especialistas em calçados, eles são a prova de que conforto e praticidade nem sempre são compatíveis com moda e estilo. E assim, para muitos fashionistas, eles ilustram bem esse ponto.

Eles também são um exemplo fascinante do espírito dos anos 1970. Foi uma década glamorosa e frívola, facilmente caricaturada por algumas das suas tendências mais exageradas. Mas foi também um período turbulento, assolado por escândalos políticos e crise econômica. Em marchas e manifestações ao longo da década, as minorias marginalizadas, gays, afro-americanos e mulheres, lutaram pelo direito de ser tratados como iguais.

Os idealistas hippies da Europa e dos Estados Unidos foram naturalmente atraídos pelo sonho escandinavo. E os tamancos, calçado dos trabalhadores da Suécia e da Holanda, viraram não só moda, mas também um emblema de altas reflexões políticas. O tamanco canalizava não só a romântica tradição folclórica escandinava (super na moda), como era um aceno à sensibilidade ecológica, um certo ar idealista de vida em comunidades coletivas. A liberdade sexual sueca também dava um viés ousado aos tamancos. Eles podiam ser pesados e grandalhões, mas ao menos eram fáceis de calçar e tirar.

Com a expressão anticonsumismo desenfreado do Ocidente, esses ideais hippies de paz, ecologia e democracia social partiram dos festivais de música para o *mainstream*. Tamancos eram úteis, unissex, confortáveis e práticos. Compostos de sola de madeira, cobertos em couro e com o calcanhar exposto, eram considerados tanto sapatos de mulher elegante e consciente como de homens de vanguarda. São exemplos de acessórios politicamente corretos.

Com apelo ao estilo de vida orgânico e ao ideal utópico da igualdade de gêneros (pelo menos via calçado unissex), a imagem "valorosa" que o tamanco conquistou não teve apoio suficiente na moda e sumiu rapidamente. Tentativas frequentes de relançá-lo geralmente não conseguem mais do que um status de novidade passageira.

O VESTIDO-ENVELOPE DE DIANE VON FURSTENBERG

1972

De peça em peça, ela conquistou o mundo inteiro

Em 1976, Diane von Furstenberg (1946-) tornou-se a primeira estilista a aparecer na capa da revista *Newsweek*, que a considerou "a estilista mais vendável desde Coco Chanel". Fazia apenas sete anos que ela estava trabalhando em uma fábrica de roupas italiana, e havia acabado de se casar com o príncipe Egon von Furstenberg, um dos solteiros mais cobiçados da época. O casal se conheceu na faculdade. Quando o trabalho do príncipe levou-os a Nova York, Diane estava determinada a construir uma carreira para si. "E então eu descobri que estava grávida. Senti-me humilhada, preocupada que as pessoas pudessem pensar que tinha feito isso só para conquistar o 'melhor partido da Europa'."

Em 1972, com um investimento de US$ 30 mil e alguns amigos influentes na imprensa especializada (Diana Vreeland foi uma das primeiras incentivadoras), lançou a marca homônima Diane von Furstenberg com um vestido *chemisier* de jérsei de algodão e uma blusa de decote transpassado. Alguns anos mais tarde, o vestido e a blusa viraram um só e se transformaram em um dos itens mais vendidos de todos os tempos – o vestido-envelope (*wrap dress*). E Von Furstenberg não apenas posava para fotos de Andy Warhol, almoçava com Vreeland ou aparecia na coluna social da *Vogue*, como também estampava a capa do *Wall Street Journal*.

O vestido-envelope – sexy, simples, fácil de levar na mala e ótimo para mulheres com formas e tamanhos variados – foi um sucesso sem precedentes. Em 1976, apenas dois anos após o lançamento, ultrapassou a marca de 5 milhões de vestidos vendidos. Von Furstenberg explica o apelo imediato: "O modelo envelope se baseia na forma mais tradicional de se vestir: é como um manto, um quimono, uma toga. Ele não tem botões nem zíperes. O que o fez diferente foi o jérsei, que deixa toda mulher sedutora. E foi assim que aconteceu. Não foi como se eu tivesse pensado 'ah, agora eu vou criar 'O' vestido'".

Não há mal algum no fato de Von Furstenberg ter sempre sido ótima em relações públicas. Quando, na década de 1980, um jornalista francês pediu-lhe para explicar como "aquele vestido" surgiu, ela acrescentou outro atributo ao ícone *fashion*: "Bem, se você está tentando sair de fininho sem acordar o homem que está dormindo, zíperes são um horror".

Em 1975, Von Furstenberg estava fazendo 15 mil vestidos por semana, que eram usados por todas, de donas de casa suburbanas a Betty Ford e Gloria Steinem. Como ela própria define: "O vestido-envelope é um fenômeno cultural que já dura trinta anos".

Feel like a
woman,
Wear a dress!

HOT PANTS

Os shorts mais curtos da história

1972

No inverno de 1970-71, a saia mídi havia destituído a míni das passarelas, mas ainda assim os estilistas pareciam relutantes em desistir de fazer as mulheres mostrarem as pernas. Eles propuseram então os shorts mais curtos da história, usados sozinhos, sob vestidos na altura da coxa com fendas ou sob transparências. Yves Saint Laurent reinterpretou os anos 1940 com *hot pants* e blazers de lapela larga, e Valentino mostrou uma saia com fecho frontal e fenda na coxa sobre um shorts branco.

As *hot pants* venderam como pão quente em toda a Europa e América do Norte. A fama era tanta que o termo "*hot pants*" foi dicionarizado. E James Brown imortalizou a peça na música que leva esse nome. Elas podem ter reinado nas passarelas por menos de um ano, mas foram o marco no que diz respeito a mudanças radicais nas regras de vestimenta e comportamento. Nesse curto período, tornou-se socialmente aceitável para mulheres usá-las na rua, no escritório, mesmo em casamentos. Até Jackie Onassis as usou.

Mas, como sempre acontece, uma febre *fashion* era a representação superficial de algo muito mais significativo. Enquanto mulheres anônimas engordavam, modelos e celebridades emagreciam cada vez mais. Começava uma nova cultura da fome: um novo mercado de remédios para dieta, bebidas e alimentos dietéticos fora identificado.

As *hot pants* refletiam uma nova consciência corporal entre as mulheres ocidentais. Quando a peça saiu de moda no verão de 1971, poucos meses depois de tomar o mundo de assalto pela primeira vez, alguns jornalistas de moda especularam que seu desaparecimento se devia ao fato de seu corte ousado "não funcionar" no corpo de mulheres "de verdade". Outros sugeriam que as prostitutas tinham matado a tendência ao adotá-las como "uniforme". Seja qual for o motivo de sua morte precoce, em 1972 as *hot pants* já não eram "quentes", sendo relegadas às discotecas, que as receberam como ícone.

As *hot pants* ficaram populares durante um período relativamente curto. A Southwest Airlines lançou voos com drinques grátis a bordo e o seguinte slogan publicitário: "Lembra-se de como era antes da Southwest Airlines? Não havia aeromoças de *hot pants*. Lembra?". Em 1976, já não havia bebidas grátis, e as comissárias voltavam ao uniforme azul-marinho, com saia evasê na altura do joelho.

O *MULLET* 1972

Sr. e sra. *mullet*: Paul e Linda McCartney na década de 1970

Na década de 1970, a banda Wings conquistou os Estados Unidos, e o corte de cabelo mais feio da história da moda pegou como uma pandemia mundial. Ao longo da década, a prevalência do *mullet* entre a realeza do rock britânico foi um fenômeno, o que fez um crítico de música norte-americano sentir-se compelido a chamar a onda de "uma irmandade do cabelo ridículo". O *mullet* definiu toda uma tribo e continua a reunir um grupo bem heterogêneo de lendas do esporte e da música.

Originalmente havia o corte *shag*, que era essencialmente uma cabeleira desgrenhada e rebelde com tufos curtos espetados no topo da cabeça e desfiado na altura dos ombros. Descendente do corte de cabelo usados pelos *mods*, ele foi popularizado por Rod Stewart e Keith Richards, que durante todo o período *flower power* o ostentaram como complemento à atitude de garanhão.

Nos anos 1970, o *mullet* passou por uma evolução, mostrando que havia subestilos. Havia o de metaleiro do Centro-Oeste, também conhecido como "escorpião", usado por Joe Elliot, do Def Leppard. Havia o de Nashville, ou "cachoeira do Kentucky", mais raro e geralmente coberto por um chapéu de caubói. Havia outros com significado político, como o do bloco do Leste Europeu, também conhecido como "Primavera de Praga". Esse estilo durou até o final da década de 1980 com a queda do Muro de Berlim, quando o *Mulletkopf* – "cabeça de *mullet*", em alemão – simbolizava a luta pela liberdade.

A turma do soul também deu espaço ao *mullet* afro-americano, cujo principal proponente era Barry White. E estudantes sérias tinham em Linda McCartney a melhor inspiração. Ao que parece, o penteado transcendeu as fronteiras de sexo, nacionalidade, inclinação política, classe e, acima de tudo, do bom gosto.

É um capítulo trágico na história do estilo nas madeixas. Acredita-se que Tom Jones tenha sido o primeiro a ostentá-lo; David Bowie foi, sem dúvida, o mais descolado. Mas Paul e Linda McCartney legitimaram a tendência que ainda continua e que em vários momentos reuniu ao longo do caminho nomes como Suzi Quatro, Andre Agassi, Mel Gibson e Billy Roy Cyrus.

DAVID E ANGIE BOWIE

O camaleão e sua camaleoa

1973

John e Yoko, Mick e Bianca, casais do rock incríveis, sem dúvida, mas nenhum foi como Angela Barnett (1949-) e David Bowie (1947-), o par mais *sui generis* dos anos 1970. Com visual parecido, que incluía *mullets*, cabelos colorido e platinados, quimonos de seda e muito glitter, a dupla surpreendia o mundo da música com histórias escandalosas, drogas e androginia.

Os anos 1970 ficaram marcados pelas descobertas sexuais. Termos como homossexualidade e androginia tornaram-se familiares, e foram os glam rockers britânicos os porta-vozes dessa revolução sexual. O glam de repente estava com tudo, em ambos os lados do Atlântico. Meninos pegavam emprestados das garotas boás, blusas, camisetas justas e até maquiagem.

A moda era parte importante da imagem de David Bowie. Assim como os óculos enormes eram a marca de Elton John, os macacões de lantejoulas e as echarpes de penas compunham Ziggy Stardust, o *alter ego* de Bowie. A maquiagem distorcia ainda mais as fronteiras dos gêneros. Ele se tornou o artista mais inventivo da década.

Bowie e Barnett se conheceram em Londres, em 1969, por um amigo mútuo, ou, como disse Bowie, "porque nós dois estávamos saindo com o mesmo homem". A norte-americana desbocada de cabelo arrepiado inspirou Bowie a desenvolver suas personas de Ziggy Stardust, Aladdin Sane e Thin White Duke. Angie encorajou Bowie a explorar seu lado andrógino e apresentou-o a muitos artistas excêntricos que trariam referências para seus futuros avatares.

O casal uniu-se em 1970 e divorciou-se em 1980. A década rendeu alguns dos momentos mais maravilhosos da carreira de Bowie, entre eles, *The man who sold the world*, *Diamond Dogs* e a incrível "trilogia de Berlim", em que *Heroes* é o destaque. Foram doze álbuns de sucesso, todos marcos da música e também momentos inesquecíveis para a moda.

Ela era a filha de um coronel do exército dos Estados Unidos. Ele era um aspirante a estrela do rock. Ambos tinham talento para chocar. "Eu era louca, e David precisava de mim para ajudá-lo a ser louco", disse Angie. "Eu retalhei e tingi o cabelo dele e coloquei-o em um vestido. Eu lhe dei notoriedade. Ele me deu fama." Juntos, eles criaram alguns dos momentos mais memoráveis da moda da década.

KENZO

1973

Paris tomada por uma profusão de cores

A invasão japonesa na moda da Europa foi liderada por Kenzo Takada (1939-), que propôs uma abordagem completamente diferente da silhueta e um uso radical da textura e da cor. Por meio dele, a Europa descobriu a tradição oriental de cobrir o corpo com camadas fluidas de tecido, em vez de recortar e costurar uma peça para envolvê-lo.

Kenzo foi um dos primeiros alunos homens do Bunka Fashion College de Tóquio. No Japão daquela época, os estilos de roupa tradicionais dominavam. O Oriente estava cada vez mais aberto a ideias e estilos ocidentais, mas nenhum dos estilistas japoneses tinha tido confiança para desafiar a supremacia parisiense até Kenzo chegar à capital da moda em 1969. Ele rejeitou a imagem intocável da alta-costura parisiense com seu estilo jovial e colorido, que remetia a influências do passado. Desafiando a elegância fria dos desfiles parisienses, as modelos em sua passarela eram animadas, e as apresentações, informais.

Kenzo teve sucesso instantâneo em sua estreia, na primavera de 1970. Formas quadradas refletiam a espontaneidade do quimono; roupas desestruturadas tinham uma sensualidade delicada. Ao ser questionado uma vez sobre as razões de não fazer roupa sexy e justa, ele fez uma careta e respondeu: "Eu não poderia, sou tímido demais". Em seu trabalho, ele canalizou a força e a cor que conhecia em suas viagens – com o folclore do Oriente, Peru e Índia sempre presentes. Suas influências são tão díspares como a caligrafia, os uniformes militares e as vestes eclesiásticas, assim como as artes plásticas, incluindo Kandinsky e Hockney.

No núcleo do estilo de Kenzo há um ecletismo internacional vibrante. Saint Laurent pode ter transformado estampas étnicas em temas da moda, mas o ideal de Kenzo era a harmonia de muitas influências. Ele chama suas primeiras coleções de "japas", com intenção de, assim, retirar o tom pejorativo de uma ofensa racista. Seu internacionalismo pacífico foi uma das contribuições mais radicais do estilista.

Kenzo sintetizou a energia e a imaginação da moda da década de 1970, e sua genialidade, seu estilo e suas influências globais brilharam na moda parisiense.

Kenzo sintetizou a energia e a imaginação da moda da década de 1970, e sua genialidade fez a combinação de estilo urbano e temas étnicos se destacarem na moda parisiense. Por sua influência, a moda se apaixonou pela globalização. É uma paixão que ressoa ainda hoje.

LAURA ASHLEY

A moda de volta ao básico

1973

Ao abrir sua primeira loja em Londres, em 1967, Laura Ashley (1925-1985) especializou-se no visual da pastora vitoriana – vestidos de algodão decorados com ramos e flores e blusas brancas de colarinho alto, vendidas a preços acessíveis. As roupas de Ashley refletiam o forte clima antimoda da década, bem como o movimento de volta à natureza, que surgiu da reação hippie ao consumismo norte-americano e à crise ambiental que esse ajudou a criar. Esse movimento também inspirou a nostalgia de um passado mais inocente e abraçou um ideal vitoriano, singelo e simples.

"Claro que você quer deixar alguma contribuição da era na qual vivemos?", alfinetou certa vez seu amigo Terence Conran. Ela respondeu: "Eu só estou interessada em redirecionar a perspectiva das pessoas ao que elas tinham esquecido". Críticos teorizaram que seu estilo era, em parte, uma reação feminina contra o sexismo na moda da década de 1960. Em contraste à preferência daquela década pelos sintéticos, as roupas de Laura Ashley eram feitas de tecidos naturais, como o algodão, com prevalência das estampas florais suaves.

De carona na nostalgia da época, Laura Ashley conquistou sucesso rápido e passou a construir toda uma "atmosfera" do estilo de vida que ela propunha com seus produtos – uma inovação pioneira na época. Em 1981, havia 5 mil pontos de venda em todo o mundo com sua marca. Os corpetes, as mangas presunto e o algodão com estampas florais que lembravam porcelana do século XIX foram grandes sucessos nas ruas. A visão de Laura Ashley era, de maneira bastante eloquente, reflexo da confusão em voga sobre o papel das mulheres.

Ashley adquiriu um castelo na Picardia em 1978, e esse é considerado um momento crucial. A imprensa especializada não achou apenas coincidência a alta subsequente nos preços das roupas, antes acessíveis a muitos e, depois, cada vez mais fora do alcance popular. A própria Laura parecia ter-se tornado cada vez mais desligada da realidade, sobretudo ao empregar um algodão especialmente pesado nas coleções de roupas de cama, argumentando: "Ah, certamente todo mundo manda lavar os lençóis na lavanderia hoje em dia, não?".

O movimento de volta à natureza surgiu como uma reação ao crescimento do consumo, e por isso o artesanato, como tricô, bordados, tingimento natural e curtimento de couro, passou por uma releitura. Laura Ashley aproveitou o poder da nostalgia por uma vida mais simples e, com ele, construiu um império.

MARC BOLAN

O rei do glam rock

1973

A ascensão de Marc Bolan foi meteórica, deslumbrante... e breve. Sua carreira deu origem a uma influência que, interrompida por um acidente de carro fatal – depois de apenas dezoito meses no topo das paradas de sucesso –, ainda se reflete na música e na moda várias décadas após sua morte.

Ele era "o elfo nacional", um trovador excêntrico com guarda-roupa de dândi e propensão para histórias exageradas. No auge de sua carreira no início dos anos 1970, Bolan ostentava uma cabeleira cacheada e um visual magnético que era uma mistura de blusas da descolada loja Biba (p. 56), calças de veludo do mercado de Kensington, o casaco afegão obrigatório e sapatos boneca — os quais preferia por ter os pés muito pequenos. Assim descritos, esses elementos não parecem corresponder a um símbolo sexual, mas Bolan tinha um carisma que atraía homens e mulheres.

"Era como ter ciúmes da sua melhor amiga", recorda Cilla Black, que se apresentava com Bolan. "Ele tinha tudo – o cabelo, os olhos, a maquiagem, o glamour. O mais preocupante era ele ser atraente, mesmo recorrendo ao guarda-roupa feminino". Para as garotas, Marc Bolan era uma mistura de príncipe de contos de fada com bicho-papão exaltado. Ao mesmo tempo, impunha respeito aos homens, ainda que vestido com penas e cetim.

Em março de 1971, a apresentação do T-Rex no programa de televisão *Top of the Pops,* tocando "Ride a white swan", virou assunto nacional. Pais ficaram indignados com sua ambiguidade sexual. A imprensa chamou a comoção de "T-Rex-tasia".

Roupas e boas histórias sempre foram importantes para Bolan. Com 14 anos, o então Mark Feld forneceu à revista *Town* uma descrição do seu extenso guarda-roupa, que incluía "dez ternos, oito jaquetas esportivas, quinze pares de calças, trinta ou 35 boas camisas, três jaquetas de couro, duas de camurça e trinta gravatas excelentes". Se era verdade ou não, rendeu bom assunto, e, desde cedo, ele aprendeu o poder das relações-públicas por trás de uma boa história.

No auge da fama, ele encantava quem o quisesse ouvir com as aventuras de como ele tinha sido ajudado, em Paris, por um feiticeiro; de quando ele se hospedou no castelo de um xamã; e como comprou um gato "mágico". Era tudo parte da mística de Marc Bolan, que levou garotas e garotos a tomar as ruas com regatas justas, calças pata de elefante esvoaçantes e muito glitter no rosto.

O estilo de Bolan resultou em uma nova geração de superastros cujo apelo dependia tanto da imagem como da música. Em uma década de moda ousada, o estilo do glam rock era o mais inusitado de todos.

ZIGGY STARDUST

Ziggy e Twiggy na capa da *Vogue*

1973

O *alter ego* Ziggy Stardust fez de David Bowie um superastro em um piscar de olhos. Ele era o símbolo de uma geração da qual emergiria o glam rock. Ziggy era um messias andrógino: um arruaceiro com cabelos vermelhos, gloss e rímel, macacão prateado e botas com salto plataforma. Uma mistura carismática de astronauta andrógino com Elvis e rainha do rock purpurinada.

Suzy Fussey era a cabeleireira de Angela Bowie. Foi essa profissional quem fez o topete imponente de Angie e tingiu-o de vermelho, branco e azul. A sra. Bowie ficou tão satisfeita com o resultado que lhe pediu para fazer o cabelo do marido. A três, eles criaram o famoso visual de Ziggy. Após três dias de tentativa e erro (ou talvez de tentativa e terror?) fazendo experiências com uma tintura alemã chamada Red Hot Red e a loção anticaspa Guard, nasceu o corte do galo escarlate, com a parte de trás raspada e a frente espetada.

O penteado de Ziggy sintetizou a androginia do glam rock e foi copiado por moças e rapazes. O "conceito" de Ziggy Stardust mantém-se como um dos fenômenos mais influentes e inesquecíveis da cultura pop britânica. O visual foi homenageado recentemente, em 2011, quando Kate Moss foi transformada em Ziggy para a capa de dezembro da *Vogue* francesa. A persona inventada por Bowie explodiu na cena em um momento musical propício, no qual reinava a apatia no vestuário. Ele foi uma aposta desafiadora diante do avanço do imperialismo cultural norte-americano, também adiantando a estética punk em quatro anos.

A capa do álbum *Pin Ups*, fotografada por Justin de Villeneuve (namorado e empresário da modelo Twiggy na época), foi originalmente uma encomenda da editora da *Vogue* britânica, Bea Miller. No entanto, De Villeneuve acabou cedendo a foto a Bowie para usar na capa do álbum. Uma Twiggy serena complementava de modo perfeito o olhar vidrado do cantor. O álbum foi o último na pele do famoso *alter ego*.

A capa do álbum *Pin Ups* foi originalmente encomendada para a capa da *Vogue* britânica. Em pouco mais de um ano, Ziggy Stardust transitou do *underground* ao centro da cultura pop. Sua estética foi copiada por todo roqueiro que surgia na cidade, e as vendas do álbum fizeram de Bowie o artista mais bem-sucedido do ano.

SAPATO PLATAFORMA 1973

A moda sobe no salto

As tendências opostas de nostalgia e futurismo na moda dos anos 1970 resultaram em calçados ligeiramente perigosos. Salvatore Ferragamo recebe os créditos pela criação do sapato plataforma no final dos anos 1930, uma inovação que foi exemplo do ímpeto de modernidade dinâmica entre as duas guerras mundiais. A nostalgia romântica dos anos 1970 impulsionou estilistas, editores de moda, fotógrafos e mulheres elegantes a buscar no baú da moda dos últimos quarenta anos inspiração, e assim definiu-se o cenário para um resgate do sapato plataforma.

Ao mesmo tempo, esses acessórios esculturais viraram baluarte do guarda-roupa glam rocker, estando presentes nos figurinos dos shows. Artistas pop criavam decorações para o modelo, e o *alter ego* de Bowie, Ziggy Stardust, construiu toda a sua imagem em torno deles. Embora os sapatos plataforma tenham começado como algo marginal, eles se tornaram populares com velocidade surpreendente. Pergunte a qualquer um quais as principais tendências da década, e a maioria das pessoas dirá "calça boca de sino" e "plataforma".

Estilistas como Terry de Havilland – cuja loja londrina Cobblers to the World virou um local visitado frequentemente por estrelas do rock e celebridades – vendiam plataformas com tiras no tornozelo em pele de cobra de cor pêssego, amarela, pistache e azul, além de botas de couro pretas na altura da coxa forradas de cetim. Ele fez as plataformas de Tim Curry para o filme musical *The Rocky Horror Show* (1975) e sapatos por encomenda para Bianca Jagger e o casal Bowie, David e Angela.

Ao final da década, nada era um exagero: nem a ponta muito arredondada, nem a base dos saltos, nem as solas curvadas. A *Vogue* deu matéria de página inteira sobre customização de plataformas, e montagens com peças metálicas coloridos, patchworks e bordados entraram em uso.

Os sapatos plataforma começaram a surgir no início dos anos 1970 com uma sola relativamente fina, de apenas uma polegada. Ao final da década, solados de cinco centímetros e saltos de doze eram bastante comuns. A adoção da moda pelo mundo do rock assegurou à peça ser mais do que uma tendência passageira.

LAGERFELD NA CHLOÉ

1974

A grife na vanguarda do *prêt-à-porter* francês

Karl Lagerfeld (1933-) chegou à Chloé em meados dos anos 1960, no auge do resgate nostálgico daquela década. O estilista admirava o *Art Déco*, e os ecos de Beardsley e Klimt em suas primeiras coleções capturavam perfeitamente o clima romântico. Na Chloé, Lagerfeld desenvolveu uma feminilidade esvoaçante, quase etérea, que para sempre vai estar inscrita na essência da marca. As estampas lúdicas e as formas fluidas eram uma aposta sofisticada para o estilo boêmio onipresente, tornando sua coleção um dos maiores sucessos da década.

A fundadora da empresa, Gaby Aghion, iniciou a Chloé em 1952 com a intenção de oferecer algo completamente diferente do que havia nos salões de costura: um "*prêt-à-porter* de luxo" para o dia a dia, fácil de vestir e bonito. Os ateliês da Chloé eram iguais a tudo o que as casas de alta-costura tinham a oferecer, mas suas coleções eram expostas prontas nas araras, não eram peças únicas feitas por encomenda. O espírito das roupas de Aghion conquistou uma legião de fãs entre as jovens elegantes, depois de um longo caminho se afastando da formalidade rígida do guarda-roupa parisiense chique no início da década de 1950.

Antes da chegada de Lagerfeld, a empresa estava capenga. Ele foi encarregado de revigorar a casa em crise e o fez, ao reconhecer uma demanda por roupas lânguidas e descontraídas, mas com uma elegância francesa inconfundível. Seu acabamento feminino e boêmio atraiu clientes como Grace Kelly, Brigitte Bardot e Jackie Onassis.

Lagerfeld compreendeu o espírito da grife e aderiu à feminilidade descontraída pela qual a Chloé era conhecida, embora também fosse destemido ao criar. O estilo permaneceu firmemente focado em vestidos que envolviam o corpo com detalhes mínimos. Mas ele também empregou as habilidades de bordado de François Lesage para criar vestidos de noite com deslumbrantes efeitos de *trompe-l'oeil* e não hesitava em buscar inspiração em fontes que decididamente não tinham nada a ver com a Chloé: a influência de Carmen Miranda, por exemplo, deu uma boa sacudida na coleção, misturando bustiês e xales a vestidos de passeio e chapéu cloche.

Karl Lagerfeld e uma modelo com um vestido de sua coleção primavera de 1974 para a Chloé. Sob sua orientação, a grife passou do "*prêt-à-porter* de luxo" para algo mais acessível ao grande público, em consonância com a visão pluralista da década de 1970. Experimentação com uma miríade de referências virou a marca registrada do estilista enquanto estava na Chloé. O perfume que Lagerfeld lançou para a casa em 1974 foi um sucesso comercial imediato, e a fragância permanece como uma das mais vendidas do mundo.

LAUREN HUTTON

Mais que um rostinho bonito

1974

Em 1974, Lauren Hutton (1943-) era a modelo mais bem paga, ganhando US$ 200 mil por ano como garota-propaganda da linha de cosméticos Ultima II, da Revlon. O valor fabuloso que ela exigiu como rosto da marca marcou o momento em que ser modelo tornou-se um grande negócio.

Sua carreira iniciou-se instável na década de 1960. Nascida na Flórida, Hutton foi para Nova York aos 20 anos em busca de fama e fortuna. Ganhava US$ 50 por semana como modelo exclusiva da Dior, depois de ter sido rejeitada por todas as agências até que Eileen Ford a aceitou e aconselhou a corrigir o "nariz de banana" e o diastema. Seu visual era mais comercial em comparação ao das requisitadas da moda da época – Twiggy, Tree e Veruschka. Em 1966, Diana Vreeland escolheu-a porque ela tinha "presença" e a mandou para Richard Avedon, que a princípio a rejeitou por ser "só mais um rostinho bonito". Hutton lembra-se que trabalhava com ele "apenas quando as estrelas estavam viajando".

O estrelato aconteceu somente com a recessão de 1971 e a chegada da saia mídi. De repente, fantasias viraram um exagero, e manequins muito altivas não vendiam um terninho casual. Em 1972, Hutton posou quase exclusivamente para Richard Avedon, e os dois dominaram as páginas da *Vogue*.

A revista *Newsweek* escreveu: "Quando a elegância arrogante estava na moda, ela manteve seus defeitos graciosos. No auge da inexpressividade distante, ela posava sorrindo e gargalhando. Quando poses de estátua dominavam as revistas de moda, ela pulava e corria por toda a página". A naturalidade de Hutton era um verdadeiro antídoto aos excessos dos anos 1970. Avedon a chamou de "a conexão entre o sonho e a farmácia. Ela é a garota ao lado com um algo mais".

Descrita pelo estilista Halston como "a maior manequim da história", Hutton fez facilmente a transição de modelo para atriz com o filme *O jogador* (1974), ao lado de James Caan, e *Gigolô americano* (1980), estrelado por Richard Gere. O estilo que virou sua marca registrada é, até hoje, a alfaiataria masculina despojada. "Moda é o que nos oferecem, e estilo é o que escolhemos", observou ela uma vez, astutamente.

Com uma expressão natural, diastema nos dentes da frente e os cabelos despenteados, ela foi apelidada de "a garota comum de um milhão de dólares". Hutton sabiamente ignorou o conselho dos especialistas da moda e manteve suas "imperfeições". E apesar de a *Vogue* ter, uma vez, escrito que "seu nariz vai para o oeste, enquanto a boca vai ao norte", a revista a estampou em sua capa nada menos que 28 vezes.

BARBARA HULANICKI E A LOJA BIBA

Compras e diversão

1975

Nos anos anteriores à falência em 1975, a loja Biba e sua fundadora, a estilista varsoviana Barbara Hulanicki (1936-), tiveram importância fundamental na modernização dos costumes londrinos. O negócio já existia havia dez anos quando a Big Biba foi inaugurada em 1974, no prédio que outrora abrigava a loja de departamentos Derry & Toms, na Kensington High Street.

A exposição de Aubrey Beardsley no Victoria & Albert Museum, em 1966, deu novo rumo à evolução do estilo de Londres. Hulanicki achou o ilustrador vitoriano "encantador e um tanto decadente" e baseou-se nele como sua maior inspiração ao inventar um estilo contemporâneo que misturava *Art Nouveau*, *Art Déco*, era vitoriana e Hollywood. A capa do álbum dos Beatles *Sgt. Pepper's Lonely Hearts Club Band* (1967) era uma viagem nostálgica irônica. Já a incursão de Hulanicki pela era vitoriana, no entanto, era escapismo descarado: *revival* com um propósito sério. Era seu apreço por um estilo fora de moda havia muito tempo.

Os consumidores se perdiam no interior exótico da Biba, com seu amontoado de roupas, penas, miçangas e lurex que se derramavam sobre os balcões como tesouros de uma caverna encantada. Milhares visitavam a loja toda semana. Twiggy lembra-se: "Se você não comprasse o que queria [...] nem valia a pena voltar na próxima semana esperando que a peça ainda estivesse por lá". A loja atraía os chiques e ricos, e Hulanicki deleitava-se, aprimorando cada aspecto daquele mundo perfeito. Em suas memórias, ela se recorda "como as crianças do pós-guerra [...] se tornaram adultos muito magros. O sonho de um estilista. Nossas mangas eram tão apertadas que impediam a circulação".

Havia uma seção de discos para serem ouvidos com fones, uma livraria, uma área só com produtos típicos do norte da África, moda masculina, feminina, uma espécie de sex shop com *negligés* e roupas íntimas comestíveis e até mesmo um contador de histórias para as crianças que acompanhavam as mães nas compras aos sábados. Contava até com uma praça de alimentação no subsolo, com o restaurante Rainbow Room aberto até as duas da manhã. A loja sediou shows de uma variedade incrível de artistas, dos New York Dolls a Liberace.

Hulanicki criou o conceito de compras como uma experiência, uma atividade de lazer, um evento social.

Barbara Hulanicki, fundadora da Biba, na foto com o marido Stephen Fitz-Simon. A Biba virou *cult* valorizada até hoje, mesmo por aqueles que nunca a conheceram. A loja foi, segundo o *Times*, "uma criação extraordinária, dominada pela personalidade de uma única mulher".

HELMUT NEWTON

Mestre da perversidade e do irresistível

1975

Uma foto em especial de uma mulher na *Vogue* causou um rebuliço enorme na década de 1970. Ela usava um vestido com uma estampa de verão, descansava com as pernas abertas e – em uma inversão provocativa de papéis – fitava de maneira lasciva um homem que passava à sua frente. O fotógrafo era Helmut Newton (1920-2004), australiano nascido na Alemanha. A provocação estava no cerne de sua obra. Subjacente à imagem da modelo no belo vestido de verão Calvin Klein, havia uma combinação de sensações que os leitores não estavam acostumados a encontrar em uma página de revista de moda. Incômodo? Certamente. Ameaça? Talvez.

Fotógrafos da década de 1970 enfrentavam desafios que seus antecessores não haviam conhecido. Eles já não podiam contar só com a intensidade das próprias roupas; tinham de encontrar uma maneira de fazer o leitor olhar a garota, apesar da roupa descontraída. Inspirado na literatura de Raymond Chandler e Mickey Spillane, Newton preferia fotografar na rua ou em locações "reais", em vez de no estúdio. Ele montava cenários controversos – muitas vezes envolvendo referências dos ricos e entediados –, usava iluminação arrojada e composições marcantes. Ele preferia as fantasias sexuais à realidade da moda, para se comunicar de modo poderoso. Por meio do seu trabalho, o pornô-chique tornou-se parte do repertório da moda.

Suas modelos eram distantes, *cool* e talvez um pouco perversas. Ele retratava mulheres imponentes que, acordadas ou dormindo, raramente estavam sem maquiagem impecável, joias e saltos vertiginosos. As modelos em suas obras personificavam de maneira majestosa as criadas prussianas loiras de sua infância de família rica. Os homens em suas fotos normalmente interpretavam papéis submissos, como garçons, motoristas ou simples curiosos. Algumas de suas imagens mais famosas foram feitas para Yves Saint Laurent, cuja propensão para ternos justos de ombros largos e modelos poderosas o inspirou.

O trabalho de Helmut espelhava a revolução sexual dos anos 1960 e 1970, embora para muitas feministas ele prestasse um desserviço. E ele não fazia nada para amenizar a antipatia proferindo certos comentários tão "incorretos" como "Sob certas condições, toda mulher está disponível ao amor ou a outra coisa, se for paga..."

Helmut Newton capturou as nuances da revolução feminista retratando mulheres como objetos sexuais, ainda que no controle da situação. Aqui, em uma imagem para Calvin Klein, a modelo Lisa Taylor, completamente vestida, expressa bem a revolução sexual, sentada com a perna aberta enquanto checa a beldade que passa à frente: comportamento arquetípico masculino, não de damas em vestidos florais.

DEBBIE HARRY

A gata do CBGB

1975

Debbie Harry (1945-) reinava em Nova York na década de 1970: uma Marilyn Monroe punk dividindo a conta no lendário clube CBGB com os Ramones, Patti Smith e o Television. Ela já tinha mais de 30 anos quando sua banda, Blondie, obteve sucesso, mas a sensualidade discreta e descolada de Harry e seus dois tons de loiro fizeram dela um sucesso na cultura pop.

Na Inglaterra e nos Estados Unidos, no início da década, a atitude "dane-se o sistema" foi passada dos hippies amantes da paz para os punks desafiadores e anárquicos. Nada deixava as duas tribos mais furiosas que roupas de grife e discoteca. Assim como os hippies antes deles, os punks se colocavam à parte da sociedade de consumo com roupas feitas em casa – embora as dos punks fossem escuras e justas, com uma atitude jocosa e questionadora. Em meados da década de 1970, no entanto, elementos da música e da estética punk evoluíram para um estilo mais pop e menos "perigoso" nos dois lados do Atlântico.

Nesse contexto, chegou Deborah Harry, uma das favoritas de Andy Warhol e garota-propaganda da new wave. Seu visual era em parte inspirado em Marilyn Monroe, mas a atitude, mais urbana. Ela pode ter começado como coelhinha da *Playboy*, mas seu corpo não tinha nada das curvas voluptuosas da atriz. Como vocalista do Blondie, Harry ganhou o status de ícone de estilo com suas peças garimpadas em brechó que brilhavam sob a luz negra do palco, em produções feitas pelo estilista Stephen Sprouse.

Graças a Sprouse, imagens publicadas na imprensa com o visual de Debbie ficaram conhecidas antes de sua música, garantindo reconhecimento imediato logo que ela começou a gravar e a se apresentar. Nas palavras da diva: "Stephen achava coisas para eu vestir ou xeretava a minha coleção de trapos para combiná-los. Ele havia trabalhado com Halston e vinha com toda aquela experiência e, realmente, sabia o que estava fazendo".

O visual de Harry foi, em grande parte, fruto dos acertos de Stephen Sprouse. "O visual da contracultura era uma volta ao estilo mod", lembrou ela. "Estava tudo nos brechós. Nós juntamos aquilo com peças 'podrinhas'. Stephen me fez sentir confiante e bonita."

KAFFE FASSETT

Tricô revolucionário

c. 1975

Em 1964, o norte-americano Kaffe Fassett (1937-) juntou-se à grande leva de talentos britânicos que transformavam Londres em capital da moda. Com técnicas e design inovadores, ele introduziu, na malharia, cores e padrões típicos da tapeçaria, o que foi fundamental para o visual romântico que definiu o fim da década.

Depois de estudar artes plásticas em Boston, Fassett mudou-se para a Inglaterra aos 27 anos. Uma vez lá, lembrou-se ele, "as férias de três meses viraram uma estada por tempo indeterminado [...] Foi a Inglaterra que me transformou de pintor de cavalete em artista do tecido". Aproveitar a oportunidade do momento para se reinventar foi muito importante. Uma explosão de energia criativa na década interligava várias artes visuais. Quando o olhar pictórico de Fassett aplicou-se ao tricô, ele transformou em arte o que era antes visto apenas como um passatempo.

Em uma viagem à Escócia, Fassett comprou vinte novelos de lã Shetland, na tentativa de capturar as cores fascinantes da paisagem. No trem de volta para Londres, um passageiro ensinou--lhe a tricotar. Seus primeiros desenhos em malha surgiram em 1969, em uma página dupla da revista *Vogue Knitting*. Em pouco tempo ele estava fazendo projetos para Bill Gibb e para Missoni na Itália. "Eu acho o tricô incrivelmente mágico", afirmou ele. "Quem poderia imaginar que duas varetas enroladas com um pedaço de fio resultariam nesse trançado incrível e colorido?"

Evitando pontos complicados a todo custo, Fassett confessou ter chegado ao "tricô angústia zero": "Eu queria torná-lo elegante, então não havia por que tentar qualquer técnica muito complicada que imediatamente desse errado caso um ponto falhasse. No meu método, mesmo um erro pode ter um resultado positivo". Ele costumava trabalhar com até 150 cores diferentes em uma única peça – "se vale a pena fazer, vale exagerar", disse ele.

Kaffe Fassett transformou um processo simples em uma forma de arte. Com o estilista Bill Gibb, ele explorou o tricô de máquina por um tempo, mas rapidamente rejeitou-o em favor do seu método preferido: sentar com os pés descalços e as pernas cruzadas e trabalhar intuitivamente com agulhas circulares.

MARGARET THATCHER 1975

Poder feminino

Em 1975, o Partido Conservador escolheu pela primeira vez uma mulher como líder. O escritor Ferdinand Mount disse na época: "A sra. Thatcher conquistou algo que a sra. Pankhurst dificilmente teria sonhado ser possível – que, pouco mais de cinquenta anos após as mulheres conseguirem o direito de votar, uma mulher primeira--ministra seria tratada como algo nada muito além do normal". Os membros do Parlamento rejeitaram qualquer motivo para grandes celebrações, alegando que havia muito trabalho a fazer. Em vez disso, a eficaz "Sra. T" fez uma breve aparição em uma festa em Pimlico antes de um jantar de trabalho com o chefe da bancada conservadora, Humphrey Atkins, em Westminster. Em 1979, ela venceu a eleição geral, tornando-se a primeira chanceler do sexo feminino no Reino Unido.

Ao longo da década, o mundo testemunhou sua evolução de dona de casa suburbana a uma das mulheres mais poderosas do mundo. Com poderosos tailleurs, broche na lapela esquerda, pérolas e bolsas de mão quadradas, tinha um estilo imediatamente reconhecível. A bolsa Asprey, os vestidos de noite de Tomasz Starzewski e os tailleurs Aquascutum ajudaram-na a se transformar na "dama de ferro".

Fã ávida do laço no pescoço, Thatcher tinha inúmeras blusas estampadas e lisas com longos laços. "Costumo usar laços; eles suavizam e são muito bonitos", disse ela uma vez. Certa ocasião, um consultor de imagem sugeriu que Thatcher deveria parar de usar suas pérolas, um presente do marido Dennis quando os filhos gêmeos nasceram em 1953. Ela se recusou, e essa virou sua marca registrada.

Thatcher certa vez descreveu sua bolsa como o único lugar seguro de Downing Street, e a peça tornou-se símbolo do seu estilo de governo.

"Margaret era muito inteligente em relação a sua imagem", comentou a figurinista do filme *A dama de ferro* (2011), Consolata Boyle. "Ela própria criou um visual eficiente e profissional, mas sempre com um toque feminino implícito. E muito sabiamente usou seus poderes de mulher entre os homens."

10

AGNÈS B.

Moda com viés político

1976

Agnès Andrée Marguerite Troublé (1941-) – conhecida simplesmente como Agnès B. – transformou discretamente suas peças simples em uma marca internacional, tornando-se uma das mulheres empreendedoras mais ricas da França.

Muitas de suas peças originais ainda figuram nas coleções atuais: cardigãs com botões de pérola, camisas listradas de algodão resistente, o mesmo dos uniformes de rúgbi, e uma jaqueta de couro inspirada em um retrato do pintor impressionista francês Édouard Manet. Outros detalhes mudaram. Poucos, por exemplo, sentem falta dos notórios vestiários coletivos, embora a ideia original fosse idealista: "Eu pensei que seria interessante incentivar uma interação entre os clientes, a fim de eles conversarem entre si".

Estilista freelancer, Agnès B. decidiu abrir sua própria loja no então desolado centro comercial de Les Halles, em 1976. Pássaros voavam livres pelo espaço cavernoso, construíam ninhos e chocavam filhotes nas vitrines. "Era muito legal", disse a estilista. "A gente escrevia nas paredes." A biógrafa Penelope Rowlands recordou-se: "Era como ir à Biba em Londres. Isto é, você sabia que estava no centro do mundo de alguma forma". O ambiente era revolucionário, assim como o produto. Agnès lembra-se: "Eu retomei peças que não pertenciam a ninguém, como o jeans – ninguém sabe quem inventou a calça jeans –, camisas de pintor, que pintávamos de rosa e vermelho, casacos de garçom, calças de tweed espinha de peixe. Fizemos anáguas que nós mesmos tingíamos na banheira. As pessoas as compravam ainda molhadas".

Para uma estilista que havia participado das manifestações estudantis em Paris de maio de 1968, a escolha era também sutilmente política: roupas de trabalhador para todos; moda com um sotaque democrático; *liberté, égalité, fraternité*. Agnès B. mantém-se uma idealista. A empresa nunca fez propaganda, porque ela acha a publicidade imoral, e suas roupas são todas feitas na França, para evitar o uso de mão de obra escrava.

As peças de Agnès, segundo o que ela mesma disse várias vezes, "são para pessoas com propósitos mais importantes na vida do que fazer compras até cair". Agnès B. é uma magnata da moda, cujo envolvimento com questões sociais se iguala apenas pela dedicação à construção do seu negócio. Idealista obstinada, dizem que ela nunca soube ao certo quanto dinheiro ganha.

BRYAN FERRY E JERRY HALL

1976

O casal mais descolado da Grã-Bretanha

Jerry Hall posa para uma sessão de fotos de uma revista com Bryan Ferry no hotel Amstel, em Amsterdã. O casal estava junto havia mais de um ano e noivos nessa época. Mas, em poucos meses, ela deixaria Ferry por Mick Jagger.

Bryan Ferry (1945-) tinha fama global graças à parceria musical com Brian Eno no Roxy Music, aos ternos Antony Price, ao conhecimento refinado em matéria de estilo e ao bom gosto por todas as coisas boas da vida ("o grupo Roxy Music era mais propenso a redecorar um quarto de hotel do que a destruí-lo", brincou uma vez um jornalista). Jerry Hall (1956-) era uma modelo em ascensão e tornou-se uma das mais requisitadas da década. Ambiciosa, ela havia crescido em Mesquite, no Texas. "Minha mãe, eu e minhas cinco irmãs éramos loucas por glamour e filmes de Hollywood. Eu me fantasiava de Veronica Lake e Marlene Dietrich."

O casal se conheceu quando Jerry foi contratada para aparecer como a sereia da capa do álbum *Siren*, do Roxy Music, em 1975. Diz a lenda que a tinta azul com que a pintaram não saía, então Bryan ofereceu-se para levá-la para casa, alegando que a ajudaria a remover a tintura (ele tinha estudado artes, afinal). Começaram um romance, e ela se mudou para a casa dele em Holland Park. Cinco meses depois, estavam noivos. Ele tinha 30 anos, ela, 19.

Hall podia ter uma carreira sólida como modelo quando o casal se conheceu, mas a capa do álbum *Siren* catapultou-a ao status de celebridade internacional. Eles eram presença obrigatória nos eventos mais descolados, até que num jantar ela conheceu Mick Jagger, e aquele foi o fim da relação com Ferry. Hall o deixou por Jagger em 1977: "Bryan ficou lisonjeado com a atenção de Mick, mas ele também viu que o vocalista dos Stones tinha ficado mexido comigo. Não deve ter sido fácil para ele".

AS PANTERAS

1976

As belas do combate ao crime na telinha

Programas de televisão tiveram uma influência enorme na moda dos anos 1970, e *As panteras* (1976-81) foi um dos mais bem-sucedidos. Foi também um dos primeiros a mostrar mulheres em papéis tradicionalmente reservados aos homens.

As personagens Kelly (Jaclyn Smith), Jill (Farrah Fawcett) e Sabrina (Kate Jackson) abandonaram empregos entediantes na polícia para trabalhar na Agência de Detetives Townsend. Eram mulheres fortes e independentes que combatiam os bandidos e resgatavam os inocentes.

Política de gênero à parte, o guarda-roupa do seriado deixou uma marca duradoura: terninhos justos com lapelas largas, camisas de gola aberta e coletes reveladores; jeans de cintura alta e boca larga e sapatos plataforma – não, o telefone nos carros conversíveis não se encaixa nessa categoria. Esses elementos são frequentemente citados como inspiração por estilistas sempre que acontece um resgate dessa década. De Phoebe Philo a Tommy Hilfiger, *As panteras* nunca estão longe das pranchetas dos estilistas quando querem recriar a mulher como um símbolo sexual valente.

E, claro, tinha o cabelo. O corte de Farrah tornou-se um dos mais procurados entre todas as celebridades. Em meados da década de 1970, as mulheres tinham se libertado da tirania dos bobes pelo secador de cabelo e o babyliss, cuja versatilidade e facilidade de transporte lançaram uma abordagem totalmente nova do cuidado com os cabelos. O loiro repicado de Farrah Fawcett manteve-se o mais copiado de todos os tempos (até o corte "Rachel", do seriado *Friends*, aparecer, criando uma concorrência séria na década de 1990). Sua influência sobre o estilo e a moda foi muito além da sua presença breve na famosa série de televisão.

Como a moleca do grupo, Fawcett usava com frequência um par de tênis Nike com calça jeans, lançando assim a tendência de roupas esportivas. E o famoso pôster da atriz de maiô vermelho, com a cabeça inclinada para trás e um sorriso amplo, vendeu mais de 12 milhões de cópias em todo o mundo.

Jaclyn Smith, uma das panteras originais, recorda-se: "Não era para ser uma peça de Shakespeare. Era escapismo total. Acho que as garotas se identificavam conosco porque éramos emocional e financeiramente independentes; viramos inspiração".

FIORUCCI

O Studio 54 diurno

1976

Muito antes de o conceito de "estilo de vida" tornar-se um atalho para a moda abarcar todos os hábitos, havia a Fiorucci, na Piazza San Babila, em Milão, e a filial próxima, na Via Torino. Milaneses jovens e descolados frequentavam a loja atrás de tudo, de jeans a engenhocas, *fast-food* e acessórios. Mais importante ainda, era um lugar para passear. As pessoas reuniam-se para "o chá das cinco" e para xeretar o brechó da loja com achados vintage e cujo logotipo baseava-se em uma imagem da era vitoriana com dois anjinhos.

Londres ganhou sua primeira Fiorucci na King's Road, em 1975. E, em 1976, ela desembarcou em Nova York ao lado da Bloomingdale's. Os Estados Unidos se apaixonaram pela magia do estilo italiano. Logo ficou conhecida como "o Studio 54 diurno", reunindo muitos dos festeiros noturnos que passavam horas do dia ali relembrando as façanhas da noite anterior e planejando as próximas enquanto saboreavam expressos no café da Fiorucci. O arquiteto italiano e fundador do grupo Memphis, Ettore Sottsass, projetou os interiores. Andy Warhol realizou ali a festa de lançamento da revista *Interview*. Todos, da realeza europeia a Jackie Onassis, de Cher a Elizabeth Taylor, faziam compras lá; Truman Capote autografou livros na vitrine, e o artista performático Joey Arias trabalhou lá como assistente, ao lado de Christopher Ciccone, irmão de Madonna. Anos mais tarde, Arias ainda tinha boas recordações daquele piso escorregadio: "Perfeito para deslizar e alcançar os ladrões".

Havia até mesmo um carro Fiorucci (um Alfa Romeo Giulietta azul e laranja), que era possível dirigir usando óculos Fiorucci (uma das primeiras peças da marca). Em 1979, o entusiasmo com a abertura de uma loja em Beverly Hills era tamanho que a polícia precisou ajudar a controlar a multidão.

A Fiorucci recebe a fama por ter lançado manias em tudo, de jeans e óculos de sol a macacões de tecido de paraquedas, estampa de oncinha e lancheiras de metal, do tipo usado por operários, fazendo as vezes de bolsas de mão. Todos viraram ícones da era disco.

FIORUCCI

GLORIA VANDERBILT

1976

Pioneira do jeans grifado

Nos anos 1970, o jeans reinou: salopetes, jardineiras, boca de sino e afins. Foi nessa década que o jeans ficou chique – uma tela em branco pronta para ser pintada, bordada, desfiada, cravejada e remendada. Uma maneira de atualizar uma imagem antiquada, e isso não era só nas roupas. Em 1973, o Fusca da Volkswagen foi oferecido com bancos em jeans e comercializado nos Estados Unidos com o nome de Jeans Bug.

Gloria Vanderbilt (1924-) era uma socialite de Nova York e descendente de uma das famílias mais antigas dos Estados Unidos. Em 1976, o estilista indiano Mohan Murjani propôs lançar uma linha de jeans com o nome de Vanderbilt em relevo em letra manuscrita no bolso de trás, com seu logotipo em forma de cisne. Embora Calvin Klein seja geralmente creditado pela primeira mudança importante no que viria a ser o mercado gigantesco de jeans de marca, foi Vanderbilt quem alçou a calça jeans a outro patamar, aproveitando seu poder de venda como celebridade. Ao adicionar o brilho do seu nome da alta sociedade e suas origens pomposas ao jeans, o empreendimento tornou-se um sucesso global. Ela também foi uma das primeiras estilistas a fazer aparições públicas.

Até meados da década de 1970, as únicas calças jeans azuis que as pessoas usavam de fato eram feitas pelas marcas Levi's, Lee ou Wrangler. O jeans Gloria Vanderbilt foi projetado exclusivamente para os contornos do corpo feminino e é citado como o primeiro do mundo para mulheres, sendo também mais justo que os demais da época.

O jeans cruzou a barreira da contracultura e virou peça de alto status, fosse na Rodeo Drive ou em Saint-Tropez. Grandes estilistas, de Ralph Lauren em Nova York a Giorgio Armani em Milão, seguiram o exemplo de marketing de Vanderbilt. No final de 1970, no auge do sucesso da marca, ela estava vendendo 10 milhões de unidades ao ano.

O jeans de Gloria Vanderbilt virou item de primeira necessidade da era disco. Ela usou seu status de alta sociedade para dar renome à marca na moda. E ganhou alguns bons pontos quando convidou Debbie Harry, do Blondie, para a campanha publicitária na TV.

MARIE OSMOND

A adolescente certinha da década

1976

Os anos 1970 tiveram muitos ídolos adolescentes – Shaun Cassidy, Leif Garrett e os Bay City Rollers eram alguns deles. Mas, para milhões de jovens em todo o mundo, pôsteres de Marie Osmond e seu irmão Donny tinham mais espaço na parede do quarto que qualquer outro. Assistir ao programa *Donny & Marie* (1976-81) na televisão, transmitido em mais de dezessete línguas, era obrigatório.

Marie Osmond era a única mulher na cena adolescente. Obteve sucesso solo na música country na década de 1970, fazendo uma versão da conhecida balada "Paper roses". Osmond tinha apenas 12 anos e fez história como a artista feminina mais jovem a ter seu disco de estreia em primeiro lugar nas paradas de sucesso. Em seguida, ela conseguiu uma indicação ao Grammy.

Marie tornou-se a mais jovem apresentadora de um programa de variedades na televisão nacional. E por cinco anos, com uma boa mesada para gastar, ela foi uma grande lançadora de tendências. As batas compridas e leves e os cabelos estrategicamente esculpidos com secador fizeram parte do visual que dominou as matinês da época. E, com o avançar da adolescência da musa, muitos descobriram o potencial ilimitado do babyliss. O apelo de Osmond era tanto que ela foi a primeira celebridade imortalizada na forma de uma boneca.

Os Osmond eram modelos de juventude "saudável" – símbolos sexuais equilibrados e ajuizados para adolescentes de um mundo onde tabus eram, de fato, tabu.

Marie foi escalada para o papel de Sandy em *Grease* (1978), mas recusou porque não aprovava o conteúdo moral do filme. Ainda assim, seu penteado foi o mais pedido nos salões de beleza em todo o mundo durante a maior parte da década.

SONIA RYKIEL

A rainha francesa do tricô

1976

Na década de 1960, a francesa Sonia Rykiel (1930-) foi apelidada "a rainha do tricô" pelos fãs norte-americanos, e a estilista mulher mais importante que surgiu na França naquela década. As roupas que ela projetava para Laura, a loja do marido, faziam sucesso até entre os britânicos mais modernos.

No início de 1970, foi pioneira em criar roupas com costuras aparentes e sem bainha ou forro. Bem à frente dos japoneses e belgas em explorar desconstrução e minimalismo, ela comentou no *Women's Wear Daily*: "As pessoas sempre disseram que fazer roupa do avesso não era adequado. Eu discordei, porque roupas do avesso são tão lindas como uma catedral".

Rykiel admitiu que sua feminilidade era, ao mesmo tempo, qualidade e limitação como estilista. "Um homem às vezes é mais criativo do que uma mulher, porque ele mesmo não vai usar as roupas, sendo a praticidade um fator secundário para ele. Mulheres estilistas definem as coisas com um olhar mais prático por conta das limitações do seu próprio corpo."

Sem formação específica na área, ela começou a carreira na moda "acidentalmente", em 1962, porque estava grávida e queria um belo vestido. O sucesso, porém, veio rapidamente – em 1967, Marylou Luther, do *Los Angeles Times*, escreveu: "Alta-costura não é o suficiente. Você precisa de um Rykiel". Seu grande avanço, porém, veio na década de 1970, quando suas peças de malha ganharam um estilo livre e sofisticado e, sobretudo, em sintonia com a geração moderna de mulheres no mercado de trabalho.

"Quando eu era pequena, odiava roupas", disse Rykiel. "E só gostava mesmo de uma saia e de um suéter velho. Era uma guerra entre minha mãe e eu." Um dia, em um ato de rebeldia, ela saiu pelada. Talvez não seja nenhuma surpresa que a garotinha que sempre gostara de usar a mesma roupa velha, ao crescer, tenha criado malhas fluidas cuja forma mudava pouco, roupas tão confortáveis como uma segunda pele.

Os fãs de Rykiel a adoravam por sua abordagem feminina única. Em 1970, uma pesquisa com as francesas a apontou como uma das mulheres mais sensuais do mundo. O visual de Rykiel era uma alternativa moderna à formalidade do guarda-roupa francês.

MULHER-MARAVILHA

A heroína feminista dos anos 1970

1976

Mulher-Maravilha (1976-9), série estrelada por Lynda Carter, era algo imperdível na televisão durante a segunda metade da década. A super-heroína e seu *alter ego*, Diana Prince, eram ícones da força feminina. A consequência imediata na moda foi o aumento da popularidade das botas até o joelho, que as mais aventureiras usavam com *hot pants*, embora a maioria ficasse feliz em combiná-las com uma minissaia.

Criada em 1942, como protagonista da série de quadrinhos da DC, a Mulher-Maravilha foi uma ideia do dr. William Moulton Marston, psicólogo e feminista. Na vanguarda do pensamento pró-feminista, Marston queria criar uma super-heroína que fosse tão poderosa quanto seus colegas do sexo oposto e sem nem um pingo da atitude de "donzela em apuros". Seus poderes incluíam o Laço da Verdade e braceletes que repeliam balas, habilidades que ela perdia se seus pulsos fossem amarrados. Uma princesa amazona, Diana tinha vindo originalmente ao Ocidente para combater a ameaça do nazismo. Mas acabou visitante mais do que bem-vinda na década de 1970, marcada pelo medo da guerra nuclear e pela paranoia de conspirações comunistas.

Propaganda ideológica embalada em *hot pants* com as estrelas da bandeira norte-americana? É provável. Mas ela também certamente refletia a nova mania do corpo sarado e do mercado ascendente de aulas de aeróbica e dança que popularizaram o collant.

A Mulher-Maravilha sempre triunfou sobre os homens que lutavam contra ela. Inevitavelmente, os seios fartos, as coxas de aço e a tiara dourada também fizeram dela um símbolo sexual. Mas a década de 1970 a abraçou como uma heroína feminista.

Enquanto os Estados Unidos comemoravam seu bicentenário, a personagem central do programa líder de audiência no horário nobre, *Mulher-Maravilha*, transmitido no mesmo ano, estava devidamente vestida com os emblemas patrióticos. O traje com estrelas, cinto dourado, braceletes que desviam balas e o Laço da Verdade ainda é um dos mais presentes no Halloween e nas festas a fantasia.

YVES SAINT LAURENT: A COLEÇÃO RUSSA

1976-7

A revanche da alta-costura parisiense

Na década de 1970, a alta-costura esteve em uma encruzilhada. Pela primeira vez, sua relevância vinha sendo bastante debatida. O centro da vida social dos anos 1960 tinha mudado da aristocracia para a nova meritocracia. Estilistas do *prêt-à-porter* ditavam um novo ritmo na moda. E as mulheres mais bem-vestidas estavam comprando roupas mais informais, em sintonia com os códigos de vestimenta cada vez mais casuais da década.

Yves Saint Laurent tinha um objetivo claro com sua coleção de inverno 1976/77, sua mais cara e luxuosa até então. "Foi a minha resposta à imprensa que havia desclassificado o negócio da alta-costura, como se fosse antiquado e ultrapassado", justificou o estilista. Com essa coleção, seu impacto sobre a moda tornou-se ainda mais duradouro. Os casacos cossacos em lamê dourado com acabamento de zibelina, os vestidos *babushka* de cores vivas, as saias ciganas com canutilhos de ouro, coletes e túnicas luxuosamente bordados, blusas brilhantes finíssimas com mangas compridas e botas cossacas douradas estabeleceram um novo padrão de luxo que se refletiu na década de 1980.

"Uma revolução", aplaudiu o *International Herald Tribune*. "O desfile mais dramático e caro já visto em Paris". A imprensa apelidou a coleção de Ballets Russes, em homenagem à trupe russa de balé de Serge Diaghilev que causou sensação semelhante em Paris no início do século. E, de fato, havia ali um eco evidente de Leon Bakst, o figurinista inesquecível do grupo.

Cada *look* era uma homenagem aos hábeis artesãos que contribuíram para fazê-lo – bordadeiras, fabricantes de passamanaria, rendeiros, trabalhadores especializados em penas e fabricantes de joias. YSL é provavelmente o estilista mais lembrado pelo grande esforço, com sua marca de *prêt-à-porter* Rive Gauche, em estar atento ao guarda-roupa feminino do dia a dia e ao estilo urbano. Mas, com essa coleção em particular, ele criou uma distância clara entre a alta-costura e o *prêt-à-porter* e retomou o gosto pelo excesso elegante. "Eu não sei se é a minha melhor coleção, mas certamente é a mais bela", recordou o estilista mais tarde.

Com a coleção russa, Saint Laurent não só convenceu a imprensa do valor artístico da moda de luxo, como também trouxe a fantasia e o romance de volta à passarela, provocando uma onda étnica que, desde então, não deixou mais a moda.

DEBORAH TURBEVILLE 1977

A romântica incurável da fotografia de moda

Uma das mudanças mais significativas na moda na década de 1970 foi o aumento do número de mulheres fotógrafas influentes. O destaque de profissionais como Deborah Turbeville, Louise Dahl-Wolfe, Andrea Blanch, Eve Arnold e Sarah Moon refletia não só como o lugar das mulheres na sociedade estava mudando, mas também a maneira como as próprias percebiam outras mulheres e a si mesmas. Homens que fotografavam mulheres na década de 1970 geralmente as representavam apenas como algo a ser desejado. Fotógrafas tendiam a retratar a moda e as mulheres de uma forma que correspondia a sua própria realidade, muitas vezes produzindo imagens cuja força estava mais no estado de espírito e na atmosfera do que no impacto gráfico na página.

A norte-americana Deborah Turbeville (1938-) foi uma das mais originais e imitadas dessa nova leva. Como ela se definiu: "Sou totalmente diferente de fotógrafos como Newton e Bourdin. Suas imagens excitantes e brilhantes colocam as mulheres para baixo. Elas parecem intimidadas, vulneráveis. Para mim, não há sensibilidade nisso. Busco no meu trabalho estados de humor e nuances psicológicas". Como inspiração, Turbeville baseava--se em "filmes mudos de Eisenstein, no cinema de Cocteau, nos desenhos de cenários de balé de Diaghilev, na literatura russa e nos palácios decadentes da Europa". Há uma tensão psicológica no trabalho de Turbeville que representa uma preocupação com o estilo cinematográfico e a atmosfera.

O trabalho de Turbeville mostra mulheres que desejam algo mais do que um homem pode dar. Com uma mera luz diurna, ela fazia imagens de qualidade enigmática. As mulheres através de suas lentes parecem ter um visual delicado e até um pouco sinistro, reunidas em ambientes meio estranhos, em velhos salões ou jardins selvagens. O olhar enviesado tem uma nuance misteriosa, e às vezes elas parecem isoladas ou perturbadas. Os cenários evocam características oníricas. A postura corporal diz uma coisa, e as roupas, outra. Na década de 1970, essas ambivalências cativavam muitas mulheres de maneira poderosa.

Turbeville era (e continua sendo) muito inspirada por pinturas, literatura e arquitetura do passado. Suas imagens captavam romance e nostalgia que inspiraram grande parte da moda da década.

DIANE KEATON EM *NOIVO NEURÓTICO, NOIVA NERVOSA*

1977

O filme que lançou um estilo atemporal

São poucos os filmes que conseguem gerar um movimento tão grande na moda. Na década de 1970, mulheres em todo lugar adotaram o visual de Diane Keaton em *Noivo neurótico, noiva nervosa*, misturando blazer masculino com colete e gravata, calça larga ou saia longa e botas.

Um dos maiores dilemas de Woody Allen no filme era o figurino da personagem Annie Hall, uma mulher inteligente, meio maluca, complicada e neurótica. E o que ela usava tinha de tornar isso crível. Embora Ralph Lauren e a figurinista Ruth Morley tenham colaborado, foi Diane Keaton quem criou o *look* com roupas do seu próprio acervo. "Ela entrou", lembrou Allen em 1992, "e Ruth Morley disse: 'Diga-lhe para não usar isso. Ela não pode usar isso. É louco demais'. E eu falei: 'Deixa, ela é um gênio'." O estilo de Keaton, que abolia as fronteiras de gênero, abriu um novo caminho para as mulheres no final de 1970.

Após o lançamento e a popularidade que se seguiu ao filme, o "visual Annie Hall" virou padrão de vestimenta para garotas descoladas em toda parte. Camisas "de vovô", calças largas de algodão, gravatas Ralph Lauren, chapelões, sapatos baixos e óculos tornaram-se o uniforme da mulher intelectual. As roupas não manifestavam apenas o direito à igualdade, mas também o direito à individualidade. *Noivo neurótico, noiva nervosa* lançou o vintage chique.

"Seu estilo verborrágico e as roupas despojadas viraram símbolo de mulher jovem, livre, simpática e intrigante, ocupada em criar sua identidade a partir da miscelânea de repertório disponível na cultura norte-americana", resumiu Jack Kroll, crítico de cinema da *Newsweek* na época. "Sua influência na moda naqueles dias não pode ser subestimada", pondera o editor da *Vogue* André Leon Talley. "O que Sarah Jessica Parker é para as mulheres de hoje, Diane Keaton era naquela época."

O "visual Annie Hall" tornou-se um fenômeno de moda global. Na tirinha Doonesbury, um radialista perguntava a um líder revolucionário iraniano imaginário se o aiatolá Khomeini aprovaria o visual para mulheres iranianas. A resposta foi: "Se usado com um véu, tudo bem".

HOURLY
COURT
RENTALS
MUST BE PAID
FOR IN ADVANCE

GEOFFREY BEENE

O mestre do luxo despretensioso

1977

Na década de 1970, Geoffrey Beene (1924-2004) era conhecido e amado nos Estados Unidos tanto pelo jeito amável sulista como por ser o estilista que aperfeiçoou seu próprio ideal de roupa fácil e descomplicada. Ele rejeitava a formalidade dos blazers e calças pregueadas sob medida em favor de peças que virariam sua marca: macacões, calças-pijama, vestidos *chemisier* e túnicas. E, ainda assim, esse minimalista de Nova York era igualmente conhecido por suas roupas luxuosas de noite e conquistou um público fiel entre mulheres do circuito social que sabiam exatamente como usar seu famoso tule com bolinhas para chamar a atenção em uma festa.

Tudo o que Beene projetava tinha qualidade artesanal única. Essa característica de alta-costura, combinada com sua estética moderna e despretensiosa, fez dele um dos estilistas mais conhecidos e respeitados de Nova York. "Jamais gostei de roupas rígidas", disse ele. "Gosto de liberdade. Eu sou um norte-americano. Adoro suéter, saia e mocassim e nunca desviei da minha premissa de liberdade descomplicada."

Geoffrey Beene acreditava que o futuro das roupas estava no aperfeiçoamento dos sintéticos. Ele foi um dos dez principais estilistas abordados pela DuPont para promover um novo tecido, o náilon. Ele escolheu ter o fio transformado em veludo acetinado. "Trabalhar com esse material provou-me que os sintéticos poderiam ser aperfeiçoados, pois era exatamente como um veludo de seda pura, só que não amassava".

Em 1974, o estilista lançou a Beene Bag, uma inovação de marketing para a época. Era uma linha mais barata que vendeu muito e foi usada para financiar o virtuosismo criativo de sua coleção principal. Uma das maiores contribuições de Beene foi o respeito que ele conquistou na Europa para a moda norte-americana. Em 1976, ele levou um desfile da Beene Bag para Milão, exibindo peças jovens e esportivas feitas em materiais de baixo custo, tais como tecido de capa de colchão. Ao final do desfile, os italianos concluíram com entusiasmo que os norte-americanos podiam fazer algo mais do que jeans.

Em um período em que a moda feminina era bastante influenciada pela masculina, Geoffrey Beene experimentava com uma silhueta fácil e descontraída. Ele rejeitou elementos como blazers e calças, em favor de peças mais delicadas que seriam sua marca registrada: vestidos-avental, macacões e calças-pijama fluidas.

HALSTON

1977

O estilista que definiu a elegância da década de 1970

Ao final de 1970, Halston era sinônimo do estilo norte-americano, uma combinação de minimalismo e glamour. Sua abordagem moderna abrangia desde a criação de uma silhueta contemporânea até o uso de produtos sintéticos na alta-moda. Do perfume em um frasco sinuoso inconfundível aos uniformes da tripulação de companhias aéreas e até mesmo de escoteiras, Halston foi o colosso da moda nos Estados Unidos dos anos 1970. Suas roupas eram feitas com tecidos sofisticados, como cashmere de seis camadas e cetim de seda e não continham ornamentos supérfluos. Elas eram confortáveis e fáceis de usar, ideais para o estilo de vida do grupo crescente do *jet set*.

Roy Halston Frowick (1932-1990) começou sua carreira como chapeleiro de socialites e criou o famoso casquete que Jackie Kennedy usou para a posse presidencial em 1961. Seu desfile de estreia na Bergdorf Goodman foi uma "coleção cápsula" com dezoito peças intercambiáveis. Os desfiles de Halston eram eventos midiáticos, com trilha sonora marcante e modelos sorridentes pela passarela. Suas melhores amigas sempre presentes, incluindo Anjelica Huston, Pat Cleveland e Elsa Peretti, tornaram-se conhecidas como "as halstonetes".

O projeto mais famoso da Halston foi o vestido *chemisier* inspirado na camisa masculina de mangas compridas e confeccionado com uma mistura sintética de poliéster e poliuretano conhecido como Ultrasuede. O primeiro contato com esse tecido foi em 1971 em uma roupa usada pelo estilista japonês Issey Miyake. Halston se gabava que seus vestidos em Ultrasuede podiam ser lavados a máquina – e foram vendidas cerca de 50 mil unidades dessa peça.

Em 1973, Halston foi incluído em um desfile, em Versalhes, com os principais estilistas da França e dos Estados Unidos. Sua simplicidade luxuosa foi um sucesso, aplaudida de pé pela plateia e pelos colegas, incluindo Yves Saint Laurent. Tornou-se uma celebridade, ainda mais pela presença constante no Studio 54. Bianca Jagger (ao lado), Liza Minnelli, Elizabeth Taylor e Martha Graham eram amigas e clientes.

Em 1978, Halston mudou seu ateliê para o 21º andar da Olympic Tower, em Nova York: um cenário adequado para um estilista de primeiro time, com as torres da catedral de Saint Patrick elevando-se sob sua mesa e um tapete vermelho bordado com duas letras "H".

Tanto para fashionistas quanto para observadores casuais, Halston evoca um luxo discreto. Ele dominou e definiu uma era: os sensuais anos 1970. Ele os envolveu em lamê, cashmere, jérsei, decorou-os com joias de Elsa Peretti e forrou-os com Ultrasuede.

VIVIENNE WESTWOOD

A grande dama do punk

1977

Vivienne Westwood e Malcolm McLaren, pioneiros do punk britânico.

Vivienne Westwood tornou-se estilista na década de 1970. Ela trabalhava como professora de escola primária até conhecer Malcolm McLaren, empresário do Sex Pistols e um dos homens mais famosos de Londres. McLaren provia as ideias, Vivienne transformava-as em roupas.

A revolta estética do punk deliberadamente incorporava vários elementos ofensivos ou ameaçadores, como alfinetes de segurança, lâminas de barbear e cordas de descarga. Foi uma revolução cultural – uma redefinição necessária que continua a inspirar muito a música, a arte e a moda. John Lydon, do Sex Pistols, lembra-se: "A Grã-Bretanha do início dos anos 1970 era muito deprimente: degradada, lixo nas ruas, desemprego total – todo mundo estava em greve. O sistema de educação dizia que, se você vinha pelo caminho errado [...], então não tinha nenhuma esperança no inferno".

As roupas acintosas de Westwood capturavam a essência do punk. O modo de se vestir virou uma arma subversiva para jovens que nunca iriam beber drinques na Sunset Boulevard. O cara no ônibus com uma camiseta "Anarchy in the UK" chamava a atenção. O punk aconteceu nas ruas, não nas páginas das revistas. Aqueles jovens recusavam-se a ser seduzidos por imagens brilhantes e migalhas de estilo e cultura.

Westwood e McLaren transformaram sua loja Let It Rock, com roupas estilo anos 1950, em uma das sex shops mais famosas da história. Seu nome mudou para Sex em 1975, anunciado em letras de espuma pink com mais de um metro de altura, montadas diretamente sobre a parede pichada da loja.

Westwood definia suas peças como "roupas para heróis". E, na época, era preciso ser de fato bem corajoso para usá-las. Os punks eram um espetáculo na rua, uma demonstração de força incitando oposição. Mas a ironia do bondage não era bem captada pelas autoridades. A estilista sentia uma afinidade com Coco Chanel. "Chanel provavelmente trabalhava pelas mesmas razões que eu: irritação com formas ortodoxas de pensamento. Ela era uma estilista da rua."

O punk recolocou Londres no mapa da moda pela primeira vez desde seu auge em 1965.

TELEPHONE
GOD SAVE THE QUEEN

ZANDRA RHODES

1977

Anarquista da Bond Street e da Madison Avenue

Zandra Rhodes (1940-) tinha uma herança impecável na moda. Sua mãe tinha sido *première d'atelier* (chefe de oficina) na Casa Worth em Paris e, ao voltar para a Inglaterra, lecionou moda em uma das principais faculdades do país. Os tecidos eram a paixão de Zandra. Ela se abriu para a moda só porque tinha de mostrar a um mercado medroso como seus tecidos podiam ser usados. "As estampas eram consideradas ousadas demais, então precisei pensar como conquistar as pessoas", lembra ela.

Para Rhodes, a silhueta sempre desempenhava um papel coadjuvante para o virtuosismo do tecido e seu uso impressionante da cor. Em 1970, ela criou seu "casaco dinossauro" de feltro, com bordas dentadas e viradas do avesso e, em 1971, seu primeiro vestido "rasgado". Foi no final da década, no entanto, que ela realmente atingiu a maturidade.

Era um momento turbulento na Grã-Bretanha. Em 1977, ano do jubileu de prata da rainha, a Londres monarquista se chocava com a Londres punk. O país passava por uma crise econômica, e jovens descontentes manifestavam sua raiva e frustração na música e na moda. Rhodes apresentou uma coleção em que glamorizava o *look* punk com vestidos de noite rasgados e desfiados, presos por alfinetes de segurança forjados em joalheria. Por causa dela, tornou-se uma estrela da moda, tanto nos Estados Unidos como no Reino Unido.

Da noite para o dia, Rhodes virou decana do *haute punk* britânico. A criatividade controversa do estilo rendeu muitos frutos e rapidamente se tornou valiosa na passarela, inspirando também estilistas franceses de vanguarda em Paris. Vivienne Westwood repreendeu os europeus por roubarem suas ideias, mas comentou: "Eu não me importava com Zandra copiando o punk, porque ela fazia isso de um jeito bem próprio".

Rhodes observou uma vez que ela não entendia por que buracos em roupas deviam ser tão assustadores. Rendas também não são vazadas?

O trabalho de Rhodes sempre atraiu "pensadores alternativos", e, tal como Elsa Schiaparelli, ela consolidou a relação entre moda e arte. Mas isso estava bem longe da moda urbana. Na versão Rhodes do punk, as vestes rasgadas eram cuidadosamente presas com alfinetes de segurança de ouro dezoito quilates da Cartier.

STUDIO 54

1977

A maior festa que alguém já deu

Fundado por Steve Rubell e Ian Schrager em 1977, o Studio 54 foi uma discoteca enorme que, no seu auge, lotava com milhares de pessoas. Entre os frequentadores, ricos, famosos e desconhecidos interessantes, que juntos representavam a decadência glamorosa da época. Drogas e sexo em quantidade e variedade aparentemente infinitas estavam sempre disponíveis.

Uma equipe de arquitetos, iluminadores de teatro, cenógrafos e floristas trabalhava para converter o que fora um teatro abandonado em um "parque de diversões" em constante mudança. Numa noite, podiam acontecer performances exclusivas e inéditas com as atrações musicais mais quentes do momento. O Studio 54 arrebatou a cena noturna e virou notícia.

Não havia área VIP. Todos partilhavam a mesma pista de dança e o sofá – quem fosse autorizado a entrar, claro. O clube ficou famoso pela rigidez na seleção dos convidados. Rubell escolhia cuidadosamente as pessoas que podiam entrar. Em qualquer noite era possível encontrar Yves Saint Laurent botando a conversa em dia com Halston, Michael Jackson curtindo com Liza Minnelli e Liz Taylor, Mick e Bianca Jagger (ao lado), Jerry Hall, Diana Vreeland, Farrah Fawcett, Truman Capote, Elton John, Margaux Hemingway, John Travolta, Mikhail Baryshnikov, Grace Jones, Salvador Dalí, Brooke Shields, Donald Trump, Francesco Scavullo, Joan Collins, Cher, Martha Graham e Debbie Harry.

Andy Warhol disse que o Studio 54 era "uma ditadura na porta e uma democracia do lado de dentro". Uma vez lá, qualquer um podia se sentir famoso. Rubell e Schrager deram a primeira chance ao promotor de eventos Robert Isabell para planejar uma festa memorável no Ano-Novo. Isabell despejou quatro toneladas de purpurina na pista de dança, o que formou uma camada de dez centímetros. Schrager descreveu a festa como "estar no meio de uma chuva de estrelas".

O clube chegou a ser fechado pela polícia por falta de licença para vender bebida alcoólica, mas permaneceu aberto só com suco de fruta, e as filas ainda davam a volta no quarteirão.

Em 1977, o 54 arrecadou cerca de US$ 7 milhões. Ele era tão famoso por causa da mescla de sexo, drogas, boa música e iluminação. Em 1978, após Rubell se gabar publicamente dos lucros do clube, agentes federais armados invadiram o local. E a festa chegou mesmo ao fim.

KATE BUSH

Fada da música

1978

Kate Bush (1958-) é uma estrela pop *cult* no melhor sentido do termo. Seu primeiro single, "Wuthering heights", inspirado no romance de Emily Brontë, lançou sua carreira em 1978. Desde então, suas composições evoluíram gradualmente, tornando-se longas narrativas intensas.

Seu começo de carreira coincidiu com o início do punk, e, com cabelo desgrenhado e ideias de new age, ela também não deixava de soar deslocada do restante do cenário musical. Antes dela, ninguém havia envolvido os fãs de modo tão sincero em debates sobre astrologia, reencarnação, OVNIs e sincronicidade.

Enquanto o punk expressava raiva, Bush se esforçava para estabelecer uma conexão entre música, imaginário e ideias. Ela tinha uma formação clássica em dança e mímica. Seus figurinos e maquiagem eram por ela descritos como máscaras com as quais se esconder: "Não quero estar lá em cima no palco sendo eu mesma", disse à revista *Musician*. "Eu não me acho assim tão interessante. O que eu quero fazer é ser a pessoa que está na canção."

Provavelmente o que ajudou a tornar Kate Bush muito famosa foi sua interpretação do fantasma de Cathy, vestido de branco, no bem-sucedido clipe feito para seu primeiro single, que hipnotizou o público britânico: durante as quatro semanas do inverno sombrio de janeiro de 1978, ele permaneceu em primeiro lugar na lista dos mais assistidos. Caracterizada com uma camisola vitoriana, o vídeo de Cathy foi o principal responsável por promover uma imagem de Bush como hippie etérea. Mas, mesmo em seus anos de manga morcego e collant, ela continuou demonstrando apreço por forma e conteúdo, canalizando espíritos que pareciam um pouco além de seu controle.

Em 1979, Kate Bush fez a primeira e única turnê de sua carreira até agora. Seu estilo musical inovador somava uma persona de palco ao mesmo tempo sonhadora, romântica e provocante.

MARGAUX HEMINGWAY

1978

O rosto de uma geração

Com 1,82 m de altura de pés descalços, Margaux Hemingway (1954-1996), neta do escritor Ernest Hemingway, chegou em Nova York aos 19 anos, tendo concluído estudos em Idaho, para um estágio em uma empresa de relações-públicas local. Enquanto tomava chá no hotel, foi vista por Errol Wetson, herdeiro de uma rede de lanchonetes. "Ele bateu na porta da minha suíte com uma rosa e uma garrafa de champanhe", contou ela, "e eu me apaixonei."

Wetson tornou-se uma espécie de mentor de Margaux, aconselhando-a sobre o que vestir e levando-a às festas certas. Com o visual despojado e as sobrancelhas grossas, ela foi um sucesso instantâneo, e a pinça virou coisa do passado. Em um ano, Hemingway estava na capa das principais revistas. Em 16 de junho de 1975, na capa da *Time* ela era chamada de uma das "novas beldades", e na edição de setembro da *Vogue* norte-americana foi incensada como "a nova supermodelo de Nova York". No mesmo ano, Joe Eula, o ilustrador de moda da trupe de Halston, a chamou de "o rosto de uma geração".

A ascensão meteórica de Margaux chegou ao auge quando ela se tornou garota-propaganda do perfume Babe, da Fabergé, fechando seu primeiro negócio de um milhão de dólares. Era uma presença constante no Studio 54, farreando ao lado de celebridades como Liza Minnelli, Halston, Bianca Jagger, Andy Warhol e Grace Jones.

O visual de Hemingway era tão distinto que, quando ela ia a uma casa noturna, podia ter certeza de acesso instantâneo à área VIP. "Eu não preciso de nenhum documento", brincou ela. "Tenho minhas sobrancelhas." Sua incandescência começou a esvanecer quando fez sua estreia no cinema no drama *Batom*, de 1976, ao lado da irmã Mariel, então com 14 anos. O desempenho de Margaux foi muito criticado. Mariel, no entanto, recebeu uma indicação ao Globo de Ouro por "melhor revelação" naquele ano, atuando depois em *Manhattan*, de Woody Allen.

Margaux, neta de Ernest Hemingway, mudou a grafia de seu nome de Margot para Margaux, em homenagem ao vinho que teria "inspirado" sua concepção.

STEVIE NICKS

A deusa excêntrica do rock

1978

Impossível falar da moda dos anos 1970 sem citar a deusa boêmia do rock com as roupas mais excêntricas, Stevie Nicks (1948-). Com cabelo loiro desgrenhado, cartola, jaqueta drapeada e botas desleixadas, Stevie é o ícone de estilo da década de 1970 por excelência para qualquer pessoa em busca de um pouco de inspiração hippie.

O visual surgiu como um disfarce. "Meu medo do palco era e é terrível", diz ela. "Então seria ridículo aumentar a pressão com o figurino. Eu não queria pensar nisso. Então projetei o meu uniformezinho. Eu sabia desde o começo que queria ser famosa aos 70 anos e percebi que ser absurdamente sexy era algo que não duraria muito."

Seu pedido para Margi Kent, que ainda faz boa parte de suas roupas, era criar algo desgrenhado, com base em *Grandes esperanças* e *Um conto de duas cidades* – uma saia de chiffon esfarrapada que ainda assim ficaria linda com botas de plataforma em veludo preto. "Mostramos a ela uma opção: collant, bolero de chiffon, jaquetinhas curtas, duas saias e botas." E, é claro, xale, que é parte essencial de seu uniforme para shows. "Um xale dá um ótimo apoio", diz a estrela, que tem apenas 1,52 m. "Ele ajuda a fazer gestos mais amplos. Se você quer ser visto por quem está na parte de trás de um estádio, precisa ter movimentos bem grandes."

Em suas coleções de outono de 2001, Anna Sui, Betsey Johnson e Oscar de la Renta pareciam evocar o visual de Nicks com saias rodadas e camisas com babados. E em 2010, mais uma vez, ela foi uma inspiração fundamental das passarelas.

Fada madrinha do visual cigano romântico, Stevie Nicks inspirou gerações de fãs a se vestir com chiffon e veludo e colocar penas entre os acessórios. Ela relutantemente virou um ícone de moda, responsável por manter em alta a venda de renda branca vintage ao longo de três décadas.

DISCOTECA

Uma década na pista de dança

1979

A discoteca nasceu em 1970 com a abertura de um clube chamado The Loft, em Nova York, e praticamente morreu em 1980, com a proliferação de clubes suburbanos onde a nova geração copiava os movimentos e *looks* do filme *Os embalos de sábado à noite*, de 1977. Nos primeiros oito anos, no entanto, a discoteca foi um movimento restrito criado em clubes afro-americanos e gays de Nova York. Espaços lendários, como o Studio 54, tornaram-se a definição do glamour dos anos 1970, com uma multidão noturna de VIPs que incluía Michael Jackson, Andy Warhol, Bianca Jagger, Liza Minnelli e o estilista Halston.

Estar em uma discoteca era como estar no palco. Os melhores dançarinos usavam o que mais os destacasse. Uma camisa de cetim brilhante ou um macacão colado e jaqueta de lantejoula eram clássicos do guarda-roupa disco – as roupas não podiam ser ofuscadas pelo brilho dos globos espelhados na pista. Leggings de lycra em cores berrantes e jeans justo eram sucessos unissex, muitas vezes adaptados a partir da roupa de bailarinos modernos profissionais. Lamê dourado, oncinha e tecidos brancos que brilhavam com a luz negra eram perfeitos para aparecer.

O movimento de liberação feminina facilitou que toda mulher vestisse o que bem quisesse em dias especiais. Na discoteca, abraçou-se a liberação sexual iniciada na década de 1960, mas com um figurino em versão urbana glamorosa, com frente única decotada, bustiês decorados com lantejoulas e sensuais ternos de cetim.

O enredo de *Os embalos de sábado à noite* resume o poder sedutor da discoteca para o homem (ou mulher) urbano. Tony, um ítalo-americano da classe trabalhadora, vendedor de ferramentas durante o dia e rei da discoteca à noite, não foi o único que percebeu uma saída glamorosa para a entediante rotina diária. Graças à discoteca, os clubes adquiriram códigos de vestimenta e triagem na porta. De repente, era preciso parecer fazer parte do jogo para conseguir entrar em uma noite no paraíso.

A discoteca teve seus detratores, é claro. Os punks a desprezavam, equiparando-a aos cabarés de Weimar, na Alemanha, pela ignorância dos problemas sociais e pelo escapismo.

Com cabelão, cílios postiços, decote profundo, lamê dourado e vestidos colados com lantejoulas, Donna Summer foi a indiscutível "rainha da discoteca". Sua voz treinada no gospel era uma locomotiva do som, encantando o público com sucessos como "Love to love you baby", "I feel love" e "Last dance".

PAT CLEVELAND

A rainha da passarela na era disco

1979

Considerada uma das primeiras supermodelos negras da moda, Pat Cleveland (1952-) foi uma beldade pioneira muito antes de o termo "supermodelo" se popularizar. A diva de ancestrais negros, índios cheroquis e irlandeses cativou Paris e o mundo com um jeito muito próprio de desfilar. Fosse trabalhando para Halston ou Yves Saint Laurent, ela era a dona da passarela, girando, dançando e deixando o público atônito.

Pat foi descoberta em 1967 por Carrie Donovan, que era então editora de moda na *Vogue* dos Estados Unidos. Estudante de 14 anos no LaGuardia High School of Performing Arts, em Manhattan, ela teve um começo difícil, mas tornou-se o sonho de todo estilista. Naquela época, modelos negras não eram valorizadas na indústria da moda principal. E as que faziam sucesso eram ou especializadas em fotos ou em passarela – raramente em ambos. Pat era uma modelo negra das mais requisitadas, sobressaindo tanto na passarela como nas capas de revista.

Cleveland mudou-se para Paris em 1971 e teve seu momento-chave na carreira no inverno de 1973. Para comemorar a restauração do opulento palácio de Versalhes de Luís XIV, um pequeno grupo de estilistas norte-americanos (Bill Blass, Stephen Burrows, Anne Klein, Halston e Oscar de la Renta) participou de uma festa de gala junto aos reis incontestáveis da moda francesa (Hubert de Givenchy, Yves Saint Laurent, Emanuel Ungaro e Pierre Cardin). A produção minimalista e o elenco de modelos negras dos norte-americanos, incluindo Billie Blair, Norma Jean Darden, Bethann Hardison e, claro, Pat Cleveland, fizeram a apresentação barroca francesa parecer instantaneamente antiquada. O evento ficou conhecido como "a batalha de Versalhes", e os americanos saíram triunfantes. Cleveland tornou-se uma estrela.

Uma das "halstonetes" originais, Cleveland foi o centro das atenções nos anos 1970 no Studio 54, onde ganhou status de musa para Andy Warhol. Mas ela também era uma profissional consagrada que inspirou Thierry Mugler, Paco Rabanne, Yves Saint Laurent, Karl Lagerfeld e Franco Moschino.

ÍNDICE

Os números de página em *itálico* indicam fotos.

CRÉDITOS DE IMAGEM

O editor gostaria de agradecer aos seguintes colaboradores por sua permissão para reproduzir as seguintes fotos:

2 Condé Nast Archive/ Corbis; 4 Gijsbert Hanekroot/ Redferns/Getty Images; 5 abaixo Justin de Villeneuve/ Hulton Archive/Getty Images; 5 acima Smith/Express/ Getty Images; 6 Fin Costello/ Redferns/Getty Images; 7 Cortesia de Diane von Furstenberg; 9 Otto Stupakoff/ Condé Nast Archive/Corbis; 11 Paramount Pictures/ Ronald Grant Archive; 13 Justin de Villeneuve/ Hulton Archive/Getty Images; 15 Michael Ochs Archives/ Getty Images; 17 Express/ Getty Images; 19 Terence Spencer/Time & Life Pictures/ Getty Images; 21 Henry Clarke/Condé Nast Archive/ Corbis; 23 GAB Archive/ Redferns/Getty Images; 25 Roger Jackson/Getty Images; 27 Norman Parkinson/Corbis; 29 Keystone/Getty Images; 31 John Vidol/Condé Nast Archive/Corbis; 33 Condé Nast Archive/Corbis; 35 Roger Prigent/Cortesia de Diane von Furstenberg; 37 Alan Band/ Keystone/Getty Images; 39 Everett Collection/Rex Features; 41 John Rodgers/ Redferns/Getty Images; 43 Peter Knapp/Stern/Kenzo; 45 Cortesia de Jane Ashley; 47 David Redfern/Redferns/ Getty Images; 49 Justin de Villeneuve/Hulton Archive/ Getty Images; 51 Bettmann/ Corbis; 53 Reginald Gray/ Condé Nast Archive/Corbis; 55 Brian Hamill/Getty Images; 57 David Montgomery Getty Images; 59 © The Helmut Newton Estate; 61 Michael Ochs Archives/Getty Images; 63 Victor Watts/Rex Features; 65 Selwyn Tait/ Sygma/ Corbis; 67 Cortesia de Agnès B.; 69 Gijsbert Hanekroot/ Redferns/Getty Images; 71 Spelling-Goldberg/ The Kobal Collection; 73 Oliviero Toscani/Copyright de Edwin Co. Ltd (As marcas registradas Fiorucci, Fioruccino, Fiorucci Safety Jeans, Fiorucci Time e as ilustrações dos anjos (logo registrado) pertencem a Edwin Co. Ltd. Não há outros proprietários nem licenciamento entre essas marcas registradas e o senhor Elio Fiorucci); 75 Susan Wood/ Getty Images; 77 Everett Collection/Rex Features; 79 Cortesia de Sonia Rykiel; 81 Hulton Archive/Getty Images; 83 Duane Michals/ Vogue © Condé Nast; 85 © Deborah Turbeville/Cortesia de Staley--Wise Gallery; 87 Rollins-Joffe Productions/ Ronald Grant Archive; 89 Nick Machalaba/ Condé Nast Archive/Corbis; 91 Ron Galella/WireImage/ Getty Images; 93 Trinity Mirror/Mirrorpix/Alamy; 95 Clive Arrowsmith 1977 © Zandra Rhodes; 97 Rose Hartman/Getty Images; 99 Rob Verhorst/Redferns/ Getty Images; 101 Davd Hume Kennerly/Getty Images; 103 Sam Emerson/Polaris/ eyevine; 105 Rex Features; 107 Dustin Pittman/Condé Nast Archive/Corbis.

Todos os esforços possíveis foram feitos para localizar os detentores de direitos autorais. Pedimos desculpas antecipadas por qualquer omissão não intencional, garantindo que teremos o prazer de dar todo devido crédito em publicações subsequentes desta obra.

BIBLIOGRAFIA

Anscombe, Isabelle (1978). *Not another Punk! book.* Londres: Aurum Books

Bluttal, Steven e Mears, Patricia (2011). *Halston.* Londres: Phaidon Press Ltd

Bowie, Angela e Carr, Patrick (2000). *Backstage passes: life on the wild side with David Bowie.* Nova York: Cooper Square Publishers Inc.

Devlin, Polly (1979). *Vogue book of fashion photography: 1919-1979.* Nova York: Simon & Schuster

Howell, Georgina (1978). *In Vogue: sixty decades of fashion.* Nova York: Viking

Jones, Dylan (1990). *Haircults: fifty years of styles and cuts.* Londres: Thames & Hudson Ltd

Turner, Alwyn W. (2007). *Biba: The Biba experience.* Suffolk: Antique Collectors' Club Ltd

Von Furstenberg, Diane (1979). *How to become a more attractive, confident and sensual woman.* Nova York: Simon & Schuster

CRÉDITOS

Fifty fashion looks that changed the 1970s foi publicado originalmente em 2012 por Conran Octopus Ltd, uma divisão da Octopus Publishing Group, Endeavour House, 189 Shaftesbury Avenue, Londres WC2H 8JY.
www.octopusbooks.co.uk

Hachette UK Company
www.hachette.co.uk

Copyright do texto © 2012 Conran Octopus Ltd
Copyright do design e do projeto gráfico © 2012 Conran Octopus Ltd
Copyright © 2013 Publifolha – Divisão de Publicações da Empresa Folha da Manhã S.A.

Todos os direitos reservados. Nenhuma parte desta obra pode ser reproduzida, arquivada ou transmitida de nenhuma forma ou por nenhum meio sem a permissão expressa e por escrito da Empresa Folha da Manhã S.A., por sua divisão de publicações Publifolha.

Proibida a comercialização fora do território brasileiro.

Coordenação do projeto: Publifolha
Editora assistente: Fabiana Medina
Produtora gráfica: Samantha R. Monteiro
Tradução: Laura Schichvarger
Preparação: Nanete Neves
Revisão: Laila Guilherme, Gabriela Caprara
Revisão técnica: Mariana Rocha
Editoração eletrônica: MOS editorial

Edição original: Conran Octopus Ltd.
Texto: Paula Reed
Publisher: Alison Starling
Consultoria: Deyan Sudjic
Editora sênior: Sybella Stephens
Editor: Robert Anderson
Diretor de arte: Jonathan Christie
Design: Untitled
Iconografia: Anne-Marie Hoines, Sara Rumens
Produção: Caroline Alberti
Foto de capa: Candice Bergen em um vestido-quimono de Bill Blass, c. 1970. Bert Stern/Condé Nast Archive/Corbis.

Dados Internacionais de Catalogação na Publicação (CIP)
(Câmara Brasileira do Livro, SP, Brasil)

Reed, Paula
50 ícones que inspiraram a moda : 1970 / Paula Reed ; [tradução Laura Schichvarger]. – São Paulo : Publifolha, 2014. – (50 ícones que inspiraram a moda)

1ª reimpr. da 1ª ed. de 2013.
Título original: Fifty fashion looks that changed the 1970s.
ISBN 978-85-7914-494-3

1. Moda – História – Século 20 2. Moda – História – 1970-1980 I. Título. II. Série.

13-11470 CDD-746.92

Índice para catálogo sistemático:
1. Ícones que inspiraram a moda : 1970-1980 : Século 20 : História 746.92

Este livro segue as regras do Acordo Ortográfico da Língua Portuguesa (1990), em vigor desde 1º de janeiro de 2009.

Impresso na C&C Offset Printing Co Ltd, China.

PUBLIFOLHA
Divisão de Publicações do Grupo Folha
Al. Barão de Limeira, 401, 6º andar
CEP 01202-900, São Paulo, SP
Tel.: (11) 3224-2186/2187/2197
www.publifolha.com.br